Norddeutsche
Küchenklassiker

Norddeutsche Küchenklassiker

Dieses Buch ist meiner Heimat gewidmet, den schnell dahinziehenden Wolken, der kräftigen Brandung, den schreienden Möwen, meiner Lieblingsstadt Hamburg mit ihren dicken Pötten auf der Elbe und ihrem hanseatischen Schick, der Geest mit dem sandigen Boden für beste Kartoffeln, der Lüneburger Heide mit den einzigartigen Heidschnucken und dem Alten Land mit blühenden Apfel- und Kirschbäumen. All das mag ich sehr – und die Rezepte in diesem Buch sind alle von den liebenswerten Menschen in Norddeutschland gekocht.

Wo die Nordseewellen spülen an den Strand,

wo die gelben Blumen blühn' ins grüne Land,

wo die Möwen schreien schrill im Sturmgebraus,

da ist meine Heimat, da bin ich zu Haus'.

Aus dem Lied **Nordseewellen**

Ursprünglicher Text: Martha Müller-Grählert (1907)

Inhaltsverzeichnis

01 Das Alte Land | 8

02

Die Geest | 46

03

Mein Hamburg | 90

04

Die Küste | 128

Das Alte Land

liegt direkt vor meiner Haustür und wird von der Elbe und der Geest begrenzt.

Tatsächlich waren es niederländische Siedler, welche schon um 1200 hier Fuß fassten, das Land entwässerten und die Fruchtbarkeit der Böden zu nutzen wussten. Aus dieser Zeit kommt auch der Spruch: „Buxtehude – wo die Hunde mit dem Schwanz bellen." Tatsächlich wurden dort schon früher als anderswo die Glocken (niederländisch „Hunte") mit einem Seil zum „Bellen", also Läuten, gebracht.

Das märchenhafte Rennen zwischen dem Hasen und Igel fand wohl ebenfalls hier statt und oft genug musste ich im Urlaub per Ausweis demonstrieren, dass es die Märchenstadt Buxtehude tatsächlich gibt. Denn im Süden heißt es: „Wenn du nicht lieb bist, schicke ich dich nach Buxtehude."

Gerade die Ortschaft Jork ist besonders während der Kirsch- und Apfelblüte bei Touristen beliebt und von ihnen bevölkert. Man kommt in dieser Zeit kaum über die Straßen und an jeder Ecke werden Äpfel verkauft. Dass das dann die vom Vorjahr sind, scheint die Kauflaune nicht zu beeinträchtigen.

Der Obstanbau begann zwar bereits im 14. Jahrhundert, allerdings eher nebenbei. Seit etwa 150 Jahren wird im Alten Land vorrangig Obst angebaut, wobei die Apfelbäume dominieren. Jedoch wurden die Kirschbäume immer besonders vor den gefräßigen Staren beschützt. Mit reichlich Geklapper, Böllern und Kanonen wurde ordentlich Krach gemacht, um die Vögel zu vertreiben. Heute geschieht das durch riesige Netze über den Bäumen.

Riesig sind mittlerweile auch die Deiche, welche bei Sturmfluten das Land beschützen.

Ebenso riesig werden die Hochzeiten gefeiert. Mehr als 100 Personen sind keine Seltenheit und die Altländer Hochzeitssuppe ist hier sehr geschätzt.

Das große Altländer Hochzeitsessen

Ein Hochzeitsessen für 10 Personen? Im Alten Land früher undenkbar.

Auf den großen Dielen der riesigen alten Bauernhäuser war doch genug Platz. Da wurde halt jeder eingeladen – bis zu 250 Personen und manchmal mehr. Das war teuer! So entstand der Brauch der „Geldhochzeit“. Anstatt eines Geschenkes wurde ein Umschlag mit dem anteilig geschätzten Wert der Hochzeit, inklusive der Musik, der Dekoration, der Helfer und des großen Hochzeitsessens (wie nachfolgend beschrieben), mitgebracht. Da allerdings große Töpfe für so viele Gäste rar waren, wurde gern in den großen, mit offenem Feuer beheizten Waschzubern gekocht.

10 Portionen 2 Stunden 3 Stunden

ZUTATEN:

Brühe und Fleisch:

- 1 Gemüsezwiebel
- 1 Bund Suppengemüse
- 2 kg Rinderbrust
- 3 Rindersuppenknochen
- 2 TL Pfefferkörner
- 1 TL Piment
- 3 Gewürznelken
- 3 Lorbeerblätter
- 4 TL Salz

Eierstich:

- 6 Eier
- 400 ml Milch
- Salz
- Pfeffer
- Muskat

Klößchen:

- 1 Brötchen
- 200 g Rinderhack
- Salz
- Pfeffer
- Muskat

Gemüseeinlage der Suppe:

- 1 Stange Porree
- 5 Karotten
- ½ Knolle Sellerie
- 1 Bund frischer weißer Spargel (notfalls auch TK)

Meerrettichsoße:

- 100 g Butter
- 120 g Mehl
- 1 ½ l Rinderbrühe vom Kochen
- 500 ml Sahne
- 150 g Meerrettich aus dem Glas
- Saft einer halben Zitrone
- Salz
- Pfeffer

Salzkartoffeln:

- 2 kg festkochende Kartoffeln
- Salz

Beilagen auf der Tafel:

- Rosinenbrot
- eingelegte Rote Bete aus dem Glas
- eingelegte Senfgurken aus dem Glas

ZUBEREITUNG:

Brühe und Fleisch:

Zuerst die Zwiebel mit Schale halbieren und in einer trockenen Pfanne goldbraun anrösten. Nebenbei das Suppengemüse putzen.

Wasser in einem ausreichend großen Topf aufsetzen. Dazu die Rinderbrust, Rindersuppenknochen, das Suppengemüse sowie 2 gehäufte TL Pfefferkörner, 1 TL Piment, 3 Gewürznelken, 3 Lorbeerblätter und etwas Salz geben. Das Fleisch sollte auf jeden Fall mit Wasser bedeckt sein.

Dieses jetzt alles einmal aufkochen, den entstandenen Schaum entfernen und dann 2 ½ Stunden köcheln lassen.

Eierstich:

Die Eier in ein Gefäß geben. Dazu 400 ml Milch, ½ TL Salz, 1 Messerspitze Muskatnuss und 1 Messerspitze gemahlenen Pfeffer geben. Jetzt alles zusammen verquirlen.

Die Eierstich-Masse in ein geeignetes Gefäß oder eine Gefriertüte geben, verschließen und dann für ca. 1 Stunde in siedendem Wasser pochieren. Auskühlen lassen und in Würfel schneiden.

Klößchen:

Brötchen in Wasser einweichen, ausdrücken und mit dem Rinderhack, Salz, Pfeffer sowie Muskat vermischen und kleine Mini-Klößchen formen. Danach in siedendem, leicht gesalzenem Wasser oder (noch besser) in der eigentlichen Brühe gar ziehen und warm halten.

Gemüseeinlage:

Das gesamte Gemüse putzen bzw. schälen und in gleichmäßige, ca. 4 cm lange Streifen schneiden. Mit einem feuchten Tuch abdecken und beiseitestellen.

Meerrettichsoße:

Die Butter in einem Topf erhitzen und dann das Mehl hinzugeben. Beides zusammen ohne Farbe anschwitzen. Das ist die berühmte Mehlschwitze! Nun nach und nach die Brühe hinzugeben und dabei ständig rühren. Zum Schluss noch die Sahne dazu und alles 3 Minuten köcheln lassen. Kurz vor dem Servieren den Meerrettich hinzugeben und mit Zitrone, Salz und Pfeffer abschmecken.

Salzkartoffeln:

Die Kartoffeln schälen und waschen und wie gewünscht in (nicht zu kleine) Stücke schneiden. Mit Wasser bedeckt und leicht gesalzen für ca. 30 Minuten gar kochen.

Service und Anrichten der Suppe:

Wenn das Fleisch fertig ist, für 10 Personen ca. 2 l Brühe aus dem Topf nehmen und diese durch ein feines Sieb in einen zweiten Topf passieren. Die Rinderbrust in der restlichen Brühe stehen lassen.

In die heiße, passierte Brühe nun die Gemüsestreifen geben und diese ca. 5 Minuten leicht köcheln lassen. Abschmecken mit Muskat, Salz und Pfeffer.

In die warm gestellten Suppenschüsseln nun die Klößchen sowie den Eierstich geben und mit der heißen Brühe mitsamt dem Gemüse auffüllen.

Dazu wird traditionell das Rosinenbrot gereicht.

Service und Anrichten des Hauptganges:

Die Rinderbrust in Scheiben schneiden und auf vorgewärmten Tellern mit etwas heißer Brühe übergießen und sofort servieren. Dazu die Meerrettichsoße, die Salzkartoffeln und auch Rote Bete und Gurken reichen.

Als Nachtisch gern die leckere **Zitronencreme** aus dem Kapitel *Mein Hamburg* auf **Seite 120**.

Leckere Torte von warmen Apfelpfannkuchen

Was gibt es Leckereres als einen dicken, warmen Pfannkuchen mit Äpfeln, Zimt und Zucker? Nun ist es natürlich schwer, viele Pfannkuchen gleichzeitig zuzubereiten. Deshalb ist eine ausgesprochen leckere Lösung dieses Problems, einen Pfannkuchen nach dem anderen zu backen und diese, wenn fertig, einfach übereinanderzustapeln. So entsteht eine wirklich große und heiße Pfannkuchentorte. Das Beste daran ist, dass die Äpfel ihr Aroma komplett entfalten können. Später bekommt jeder sein großes Tortenstück mit Zimt und Zucker.

ZUBEREITUNG:

Die Äpfel schälen, entkernen und in dünne Spalten schneiden.

Die Eier trennen und das Eiklar zusammen mit dem Zucker steif schlagen.

Zum Mehl eine Prise Salz geben und die Milch einrühren. Dann die Eigelbe hineingeben.

Die Hälfte des Teiges zum Eischnee geben und vorsichtig unterheben.

Die so entstandene Masse zur anderen Hälfte des Teiges geben und ebenfalls unterheben.

Die Butter bei mittlerer Temperatur in einer Pfanne schmelzen lassen. Dann den Teig in die Pfanne geben und mit den Apfelspalten belegen und etwas Zucker darüber geben.

Etwas braten lassen und dann für 10 Minuten bei 160 °C Umluft in den Ofen geben.

Die Pfannkuchen übereinanderstapeln und so warm halten.

Wer mag, kann die Pfannkuchen noch mit Zucker und Zimt oder braunem Zucker bestreuen. Als Kuchenstück anschneiden und servieren.

ZUTATEN:

- 4 Äpfel
- 3 Eier
- 3 EL Zucker
- 250 g Mehl
- 1 Prise Salz
- 500 ml Milch
- etwas Butter zum Braten

4 Portionen | 45 Minuten | 30 Minuten

Ein Tisch voller Rinderrouladen

Es lohnt sich, gleich viele Rouladen auf einmal vorzubereiten. Dazu so viele Scheiben von der Keule wie nötig auf einen mit Salz und Pfeffer ausgestreuten Tisch eng nebeneinander legen. Diese auch von der Oberseite würzen, mit Senf bestreichen, dann mit Speck und Gurke belegen. Zwiebeln drauf, aufrollen und -spießen. Es sieht nicht nur imposant aus, es macht auch unglaublich viel Spaß. Was an Rouladen nicht direkt gebraucht wird, kann man prima einwecken. Energiesparend, nachhaltig und lecker.

ZUTATEN:

- 4 Zwiebeln
- etwas Pflanzenöl
- Salz
- Pfeffer
- 1 Bund Suppengemüse
- 4 große Scheiben aus der Rinderoberschale
- 4 EL Senf
- 1 Gewürzgurke
- 4 Scheiben fetter Speck
- etwas Mehl
- 2 EL Tomatenmark
- 500 ml Rotwein
- 1 Lorbeerblatt
- 1 Gewürznelke
- 1 TL Pimentkörner
- 1 TL Pfefferkörner
- 1 EL Speisestärke

4 Portionen **1 Stunde** **2 ½ Stunden**

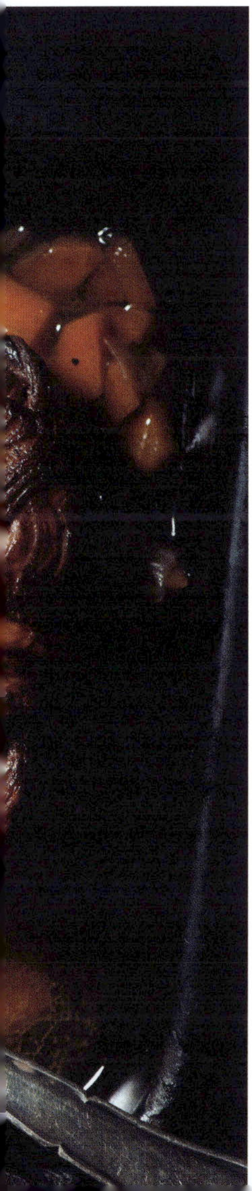

ZUBEREITUNG:

2 Zwiebeln schälen und in Streifen schneiden. Etwas Öl in einem Topf erhitzen, die Zwiebelstreifen darin anschwitzen, mit Salz und Pfeffer würzen und wieder kalt werden lassen.

Für die Soße das Suppengemüse auseinandernehmen und schälen oder waschen. Die restlichen Zwiebeln ebenfalls schälen und das Gemüse in walnussgroße Stücke schneiden.

Die Rouladen mit Salz und Pfeffer würzen, auf der oberen Seite mit Senf einstreichen und mit den angeschwitzten Zwiebelstreifen belegen. Gewürzgurke der Länge nach vierteln. Je 1 Scheibe Speck und ¼ Gewürzgurke drauflegen und das Fleisch fest aufrollen. Mit einem Spieß fixieren.

Backofen auf 160 °C Umluft vorheizen.

Mehl auf einen Teller geben und die Rouladen darin wenden. Etwas Öl in einem großen Bräter mit viel Fläche bei hoher Temperatur erhitzen und die Rouladen darin anbraten.

Ist das Fleisch von allen Seiten braun, Fleisch herausnehmen und stattdessen das gewürfelte Gemüse und die Zwiebeln im Bräter goldgelb braten.

Sind Röststoffe entstanden, Tomatenmark einrühren und kurz anschwitzen. Um die Röststoffe vom Boden zu lösen, mit etwas Rotwein ablöschen und diesen einkochen lassen. Wenn das Gemüse wieder zu braten beginnt, wieder mit Wein ablöschen und einkochen lassen. Diesen Vorgang 3-mal wiederholen.

Die Gewürze in ein Tee-Ei füllen, in die Soße geben und diese salzen. Die angebratenen Rouladen in den Soßenansatz geben. Einen Deckel auflegen und die Rouladen 1 ½ Stunden im Ofen schmoren.

Die Rouladen aus der Soße nehmen und warm halten.

Die Soße durch ein Sieb in einen Topf passieren, etwas mit Wasser angerührte Speisestärke zugeben, Soße aufkochen und nach Belieben andicken lassen. Rouladen mit Soße servieren.

Haltbar und lecker: Das Altländer Sauerfleisch

Wenn auf den Höfen geschlachtet wurde, galt es immer schon das gesamte Tier zu verwerten. Heute heißt es so schön:

From nose to tail!

Aber sollte das überhaupt erwähnenswert sein und nicht einfach eine Selbstverständlichkeit? In den feinen Restaurants oder in den Supermärkten wird fast nur nach Rumpsteak oder Schnitzel gefragt. Ein wunderbares Rezept gegen diesen Trend ist das Sauerfleisch, eine Sülze vom Schweinebauch. Lecker, einfach und haltbar.

4 Portionen | 1 ½ Stunden | 2 ½ Stunden

ZUTATEN:

- 1 kg Schweinebauch
- 2 Zwiebeln
- 2 Lorbeerblätter
- 4 Gewürznelken
- 1 Bund Suppengemüse
- Salz
- 12 Blatt Gelatine
- Gewürzessig nach Belieben
- 2 Gewürzgurken
- 1 EL Senfsaat
- 1 EL Pfeffer

ZUBEREITUNG:

Zunächst den Schweinebauch mit 2 gespickten Zwiebeln (an jeder Zwiebel jeweils 1 Lorbeerblatt mit 2 Gewürznelken befestigen) und dem Suppengemüse in siedendem Wasser gar kochen. Das Wasser mit 3 EL Salz, 1 EL Senfsaat und 1 EL Pfeffer würzen und das Gemüse (Lauch, Sellerie, Karotte und Petersilie) beilegen. Dabei das Gemüse in einem Stück lassen!

Es kann schon mal 2 Stunden dauern, bis das Fleisch komplett gar ist. Ein gutes Anzeichen dafür ist immer, wenn einem das Fleisch einfach wieder von der Gabel gleitet, wenn man versucht, es herauszunehmen. Ist der Schweinebauch dann gar, diesen aus dem Sud nehmen und im Kühlschrank auskühlen lassen, ebenso das Gemüse. Dann ist er anschließend leichter zu schneiden.

Zum Sülzfond:

Erst einmal die Gelatine einweichen. Den Sud durch ein Sieb passieren. Vermutlich wird nicht die ganze Menge benötigt, aber den restlichen Teil keinesfalls wegschütten. Den kann man später super als Brühe für andere Gerichte verwenden.

Jetzt den Sud in eine Schüssel geben und ordentlich Essig hinzufügen. Mit dem Essig nicht zu sparsam sein, da ein warmer Fond immer mehr Geschmack hat als ein kalter. Deswegen muss der jetzt noch warme Fond nun so sauer sein, dass beim Abschmecken schon fast der Hals kratzt. Jetzt die eingeweichte Blattgelatine mit dazugeben und diese im Sud auflösen.

Jetzt zum Sauerfleisch:

Das Fleisch und das Gemüse nach Belieben in die gewünschte Form schneiden (Scheiben oder Würfel).

Nun einen Behälter, in dem man gut schichten kann (z. B. eine Leberkäseform), mit Frischhaltefolie auslegen, sodass mindestens der gleiche Teil an Länge außerhalb der Form ist.

Mit einem Teil vom Gemüse (Karotten, Sellerie und Gewürzgurken) beginnen und es flächig (der Boden sollte dabei noch sichtbar sein) verteilen. Jetzt ein paar Senfkörner und Petersilie dazu. Anschließend gibt es die erste Schicht Fleisch und dann wird mit dem Sülzfond aufgegossen, bis diese Schicht bedeckt ist. Bei den weiteren Schichten können Karotte und Sellerie vernachlässigt werden, wenn nichts mehr übrig ist, denn davon haben wir ja jeweils nur 1 Stück. Dort werden dann nur noch Gewürzgurken beigegeben. Dieser Vorgang wird so lang wiederholt, bis die Form voll ist. Wichtig dabei ist, dass am Ende das Fleisch ganz mit Sülzfond bedeckt ist, denn dadurch macht man es länger haltbar.

Das Ganze nun mit der überstehenden Folie verschließen und im Kühlschrank für mindestens 24 Stunden kalt stellen.

Anschließend kann man das Sauerfleisch aus der Form herausstürzen und mitteldicke Scheiben herunterschneiden. Fertig ist das Sauerfleisch!

Dick und saftig: Der Altländer Butterkuchen

So groß die Hochzeiten im Alten Land gefeiert werden, so groß sind auch die Trauerfeiern – ein Zeichen der Verbundenheit und des Aufeinander-Aufpassens. Bei Kaffee, Kuchen und dem einen oder anderen Schnaps wird Abschied genommen. Oder: „Dem sein Fell versoffen." Rau, aber herzlich. Der wohl beliebteste Kuchen dabei ist der Butterkuchen.

ZUTATEN:

- 380 g Mehl
- 1 Würfel frische Hefe
- 210 g Zucker
- 2 Päckchen Vanillezucker
- 200 ml lauwarme Milch
- 1 Prise Salz
- 1 Ei
- 200 g kalte Butter plus mehr für das Blech
- 100 g gehobelte Mandeln

8 Portionen **1 Stunde** **15 Minuten**

ZUBEREITUNG:

50 g Butter zerlassen. Während des Abkühlens das Mehl in eine Schüssel sieben.

Die Hefe in ein hohes Gefäß bröseln, 60 g Zucker und 1 Päckchen Vanillezucker auf die Hefe streuen, die lauwarme Milch darüber gießen und alles mit dem Schneebesen gut verrühren, bis die Hefe aufgelöst ist. So lange warten, bis sich Schaum auf der Milch bildet und die Hefe anfängt zu arbeiten.

Salz, Ei und die zerlassene Butter zum Mehl geben und die Hefemilch zugießen. Alles mit dem Handrührgerät erst auf niedrigster, dann auf höchster Stufe verrühren, bis sich der Teig um die Knethaken wickelt und ein Kloß entsteht.

Den mit einem feuchten Tuch zugedeckten Teig 15 Minuten bei 40 °C Umluft in den Ofen stellen. Wenn der Teig sich merklich vergrößert hat, aus dem Ofen holen und ordentlich mit den Händen durchkneten. Danach nochmals 15 Minuten im Ofen bei 40 °C gehen lassen.

Ein Backblech mit Butter einfetten und den Teig gleichmäßig darauf verteilen. Nochmals abgedeckt 15 Minuten bei 40 °C in den Ofen schieben.

Backblech aus dem Ofen holen, den Ofen auf 210 °C Ober-/Unterhitze vorheizen und mit dem Daumen kleine Mulden in den Teig drücken. Die restlichen 150 g der gut gekühlten Butter klein schneiden und in die Mulden verteilen.

Den übrigen Zucker und Vanillezucker in einer Schüssel mischen und auf den Teig streuen. Anschließend die Mandeln darauf verteilen.

Den Kuchen 15 Minuten im Ofen goldgelb backen.

Birnen, Bohnen und Speck als genialer Eintopf

Ganz typisch für die Gegend sind die Eintopfrezepte mit dem Spiel von Süß und Salzig, wie in diesem Rezept, oder Süß und Sauer wie bei der Hamburger Allsuppe. Ja, zwei L und nur ein A!
Aber dazu mehr auf **Seite 98** im Kapitel *Mein Hamburg*.

Da der Obstanbau im Alten Land die größte Rolle spielt, wird auch sehr viel mit Früchten gekocht. Ein echter Klassiker im Herbst ist dieses Gericht. Ungewöhnlich? Ja! Aber auch außergewöhnlich gut.

ZUTATEN:

- 1 Zwiebel
- 1 Lorbeerblatt
- 2 Gewürznelken
- 1 kg Bauchspeck
- 500 g grüne Bohnen
- 500 g festkochende Kartoffeln
- 250 g Karotten
- 12 Kochbirnen
- 1 TL Bohnenkraut
- Salz
- Pfeffer

4 Portionen **1 ½ Stunden** **1 ½ Stunden**

ZUBEREITUNG:

In einem großen Topf ausreichend Wasser zum Kochen bringen. Die Zwiebel schälen und das Lorbeerblatt mit den Gewürznelken darauf befestigen. Zwiebel und Bauchspeck in den Topf geben und etwa 1 Stunde kochen lassen.

Den Backofen auf 60 °C Ober-/Unterhitze vorheizen.

Die Bohnen waschen und die Enden abschneiden. Die Kartoffeln und die Karotten schälen, waschen und in gleich große Stifte schneiden. Die Birnen waschen, aber nicht schälen.

Den gegarten Speck und die gespickte Zwiebel aus der Brühe heben und den Speck im Ofen warm halten.

Karotten- und Kartoffelstifte in die Brühe geben und 10 Minuten kochen. Wenn die Kartoffeln weich sind, die Bohnen und das Bohnenkraut hinzugeben. Die gewaschenen, ungeschälten Birnen auf das Gemüse legen und abgedeckt ca. 15 Minuten kochen lassen. Sind die Birnen weich, aus dem Topf nehmen und ebenfalls warm halten.

Tipp: Je länger der Eintopf kocht, desto sämiger wird er durch die Kartoffeln. Daher je nach Belieben kochen lassen und vor dem Servieren noch einmal mit Salz und Pfeffer abschmecken.

Den Speck in Scheiben schneiden und mit den warmen Birnen zum Eintopf servieren.

„Sieht gut aus, oder?
Das schmeckt auch gut!“

Geschmorte Dicke Rippe mit Backobst und viel Soße

Ein saftiger Schmorbraten aus einem einfach guten Stück Fleisch: der Dicken Rippe. Damit viele hungrige Mäuler gestopft werden können, wurde diese dann noch gefüllt. Natürlich mit Obst. Mit Dörr- oder, wie wir hier sagen, Backobst. Die Kombination aus dem herzhaften Fleisch mit der guten braunen Soße und seiner süßen Füllung hat schon viele Durchfahrende zu Wiederkehrenden gemacht.

4 Portionen | 1 ½ Stunden | 2 Stunden

ZUTATEN:

- 1 Stück Dicke Rippe
- 200 g Mischobst/Backobst
- 200 g Paniermehl
- 2 Eier
- Salz
- Pfeffer
- Öl oder Butterschmalz zum Braten
- 1 Bund Suppengemüse
- 2 Zwiebeln
- 2 EL Tomatenmark
- etwa 650 ml Malzbier

ZUBEREITUNG:

Die Dicke Rippe von der Seite aus so tief wie möglich als Tasche einschneiden.

Für die Füllung das Obst nach Belieben klein schneiden und mit dem Paniermehl und den Eiern vermengen. Mit Salz und Pfeffer würzen.

Die Füllung in die Tasche geben und von oben platt drücken, damit sich die Füllung gleichmäßig verteilt. Mit einem Schaschlikspieß verschließen. Von beiden Seiten kräftig würzen.

Das Butterschmalz in einem Bräter erhitzen und die Rippe darin von beiden Seiten anbraten.

In der Zwischenzeit das Suppengemüse putzen und grob würfeln. Die Zwiebeln schälen und vierteln.

Die Rippe aus dem Bräter nehmen.

Das Gemüse und die Zwiebeln in den Bratenansatz geben und kräftig anbraten.

Das Tomatenmark hinzugeben und mit anbraten lassen. Nun die Soße mit etwa ⅓ des Malzbieres ablöschen. Den Vorgang 2-mal wiederholen. Nach dem dritten Mal Ablöschen die Dicke Rippe darauf geben.

Abgedeckt für 1 Stunde bei 160 °C Umluft in den Ofen geben.

Lassen sich die Rippen einfach aus dem Fleisch herauslösen, ist das Fleisch gar. Die Rippen entfernen.

Für die Soße gibt es nun 3 Möglichkeiten:

- So servieren, wie sie ist,
- mit einem Pürierstab für mehr Bindung pürieren oder
- durch ein Sieb passieren.

Den Schaschlikspieß entfernen und die Dicke Rippe aufschneiden. Mit der Soße servieren.

Knackige Gewürzgurken selbst einwecken

Was für ein beneidenswerter Schatz. Eine Vorratskammer prall gefüllt mit den besten Leckereien des Alten Landes: Kirschen, Pflaumen, Birnen, Apfelmus, Rotkohl, diverse Schmorgerichte wie Rouladen, Gulasch oder Bäckchen und – so wie hier beschrieben – saure Spezialitäten. Alles eingeweckt, liebevoll beschriftet und energiesparend haltbar gemacht. Eine dieser Köstlichkeiten sind diese Gewürzgurken.

ZUTATEN:

- 16 kleine Gewürzgurken
- Salz
- ca. 50 g Senfsaat
- 2 EL Pfefferkörner
- 4 EL Honig
- 2 EL Wacholderbeeren
- guter Essig
- 4 Schalotten
- 1 Lorbeerblatt
- Chili
- Pfeffer
- frischer Dill

4 Portionen **45 Minuten** **45 Minuten**

ZUBEREITUNG:

Die Gurken über Nacht in Salzwasser einlegen.

Wichtig ist, die Gläser und Gummiringe zu sterilisieren. Hierzu die Gläser in einem kräftigen Essigwasser abkochen.

Für den Sud etwa 4 l Wasser salzen und die Senfsaat, die Pfefferkörner und den Honig hinzugeben. Die Wacholderbeeren beispielsweise mit einem Glas etwas andrücken, damit sie mehr Geschmack entfalten können. Diese ebenfalls zum Wasser hinzugeben und aufkochen lassen. Kräftig Essig hinzugeben. So, wie der Sud schmeckt, werden später auch die Gurken schmecken. Daher nach eigenem Belieben abschmecken.

Ca. 30 Minuten einkochen lassen.

Die Gurken je nach Belieben vierteln oder ganz in die Gläser geben. Dazu die Schalotten, ein Lorbeerblatt, etwas Chili und Dill geben. Mit dem heißen Sud bedecken, jedoch nicht zu voll füllen. Die Gewürze aus dem Sud ebenfalls verteilen.

Deftige Erbsensuppe auf Schweinebauch gekocht

Ich bin kein Jäger! Aber es fasziniert mich schon sehr, als Treiber bei eiskaltem Schmuddelwetter, dick eingepackt und mit leeren Kartoffelsäcken zugedeckt, auf Strohballen sitzend auf einem offenen Anhänger von einem Jagdgebiet zum nächsten gefahren zu werden. Ein Schluck aus einem Flachmann gaukelt einem für Sekunden so etwas wie Wärme vor. Aber wirklich fantastisch ist dann der erste Löffel Erbsensuppe aus der Gulaschkanone. Wie unglaublich gut und tröstend kann so eine Suppe sein.

ZUTATEN:

- 1 Lorbeerblatt
- 2 Gewürznelken
- 1 TL Pfefferkörner
- 1 TL Kümmel
- 1 TL Pimentkörner
- 1 kg Schweinebauch
- 500 g Schälerbsen
- 1 Bund Suppengemüse
- 1 Bund Petersilie
- 200 g Kartoffeln
- Salz
- Pfeffer
- 1 Muskatnuss

ZUBEREITUNG:

2 l Wasser in einem großen Topf zum Kochen bringen. Die Gewürze in ein Tee-Ei füllen und dieses mit dem Schweinebauch und den Erbsen ins kochende Wasser geben. Etwa 1 ½ Stunden köcheln lassen.

Das Suppengemüse auseinandernehmen, Sellerie und Karotten schälen und in gleichmäßige Würfel schneiden. Den Lauch waschen und in Streifen schneiden. Die Petersilie waschen, trocken schütteln und fein hacken. Die Kartoffeln schälen, waschen und klein würfeln.

Nach etwa 1 ½ Stunden sollten sich die Knochen als Zeichen dafür, dass das Fleisch gar ist, einfach aus dem Schweinebauch lösen lassen. Nun den Bauch aus dem Topf nehmen und beiseitestellen.

Die gewürfelten Kartoffeln in den Topf geben und 5 Minuten garen. Dann erst Sellerie und Karotten hinzugeben und weitere 5 Minuten kochen lassen. Anschließend den Lauch zufügen. Mit Salz, Pfeffer und frisch geriebener Muskatnuss abschmecken.

Den Bauch von den Knochen und evtl. von der Schwarte befreien, in Würfel schneiden und wieder in den Topf geben. Tee-Ei entfernen und Eintopf mit Petersilie bestreuen.

4 Portionen | 1 Stunde | 2 Stunden

Saftige Mettsteaks mit Milchbohnen

In meinem Rezept schreibe ich von fein gewürfelten Zwiebeln. Tatsächlich werden diese meistens mit viel zu stumpfen Messern oft nur klein gehackt. So kenne ich es schon von meiner Oma. Vielleicht ist das auch das eigentliche Geheimnis dieses leckeren Gerichts. Denn wenn die groben Zwiebelwürfel beim Braten aus dem Mett ragen und etwas zu viel Farbe bekommen, was natürlich einem Profi wie mir niemals passieren darf, dann bekommt das Ganze auch diesen unverwechselbaren Geschmack. Also doch lieber grob schneiden?

ZUTATEN:

Mettsteaks:

- 600 g Mett
- 1 Zwiebel
- 2 Eier
- Salz
- Pfeffer
- 1 EL Senf (optional)
- 4 EL Pflanzenöl

ZUBEREITUNG:

Die Bohnen waschen und von den Enden befreien. Die seitlichen Fäden ziehen und die Bohnen dann in breite Stücke schneiden. Die beiden Zwiebeln schälen und klein würfeln.

In einer Pfanne die Butter bei mittlerer Hitze schmelzen und und die Hälfte der Zwiebeln darin anschwitzen. Die Bohnenstückchen hinzugeben, salzen, pfeffern, etwas Muskatnuss hinzureiben und die Bohnen etwas anbraten. Die Sahne zugießen und etwas einkochen lassen.

Die andere Hälfte der Zwiebeln zum Hack geben und die Eier hineinschlagen. Kräftig mit Salz und Pfeffer würzen. Wer möchte, Senf oder andere Gewürze hinzugeben. Alles gut und gleichmäßig durchmischen, hierzu zum Beispiel eine Gabel verwenden.

Mit einer Gabel viele kleine und vor allem flache Mettsteaks formen. In einer Pfanne von beiden Seiten anbraten und langsam durchgaren. Tritt etwas Eiweiß aus, sind die Mettsteaks gar.

4 Portionen **45 Minuten** **30 Minuten**

ZUTATEN:

Bohnen:

- 800 g Schlangenbohnen
- 1 Zwiebel
- 100 g Butter
- Salz
- Pfeffer
- frisch geriebene Muskatnuss
- 200 ml Sahne

Altländer Apfelrotkohl mit Gänseschmalz

Wenn Rotkohl gekocht wird, strömt immer ein wahrer Duft durch das ganze Haus. Immer wieder wird von lieben Besuchern in der Küche so etwas wie „Oh, das riecht hier aber gut!“ ausgerufen. Wenn dann am Tisch der Rotkohl zum eigentlichen Star des gesamten Gerichts erkoren wird, dann könnte das auch am seidigen Glanz und Geschmack vom Gänseschmalz liegen.

ZUBEREITUNG:

Die äußeren Blätter des Rotkohls entfernen. Den Rotkohl vorsichtig vierteln und den Strunk entfernen. Das Innere des Kohls, das „Herz“, in schmale Streifen schneiden. Die äußeren Teile weiter halbieren und ebenfalls in schmale Streifen schneiden.

Rotkohl in eine Schüssel geben, mit Zucker und Salz kräftig verkneten und etwa 30 Minuten ruhen lassen, bis sich Saft gebildet hat. Rotkohl durch ein Sieb abgießen. Den Saft auffangen und für später aufbewahren.

Die Zwiebeln und Äpfel schälen. Die Äpfel entkernen und beides in Würfel schneiden.

Schmalz in einem Topf erhitzen und Zwiebeln darin glasig anschwitzen. Rotkohl hinzugeben und ebenfalls etwas anschwitzen. Apfelwürfel, Rotkohlsaft sowie den Apfelsaft dazugeben.

Die groben Gewürze in ein Tee-Ei füllen und mit dem Lebkuchengewürz zum Rotkohl geben. Bei geringer Hitze etwa 1 ½ Stunden köcheln lassen.

Die Speisestärke mit etwas Wasser anrühren und damit die Flüssigkeit im kochenden Rotkohl etwas andicken.

ZUTATEN:

- 1 Rotkohl
- etwas Zucker
- Salz
- 3 Zwiebeln
- 3 Äpfel
- 2 EL Schmalz, gern von Gänsen
- 500 ml Apfelsaft
- 2 Lorbeerblätter
- 2 EL Pfefferkörner
- 2 EL Pimentkörner
- 3 Gewürznelken
- 1 Päckchen Lebkuchengewürz
- 2 EL Speisestärke

8 Portionen | **45 Minuten** | **1 ½ Stunden**

Knusprige Weihnachtsgans mit niedrigem Stressfaktor

Das Geheimnis dieser leckeren Gans liegt in ihrer Zubereitung, denn die Gans wird zuallererst gekocht. Jawohl, gekocht! Mein bester Freund Michel aus dem Elsass hat diese Methode zur Perfektion verfeinert. In seinem Restaurant verkauft er oft schon vor dem Martinstag täglich unzählige dieser knusprigen Köstlichkeiten. Kurz nach Weihnachten sind dann unzählige Gefäße mit bestem Gänseschmalz gefüllt und erfüllen auch ihn jedes Mal zu Recht mit Stolz. Wer einmal seine Bratkartoffeln, gebraten in eben diesem Schmalz, probieren durfte, wird auch diese niemals vergessen.

ZUTATEN:

4 Portionen | 1 Stunde | 2 Stunden

- 1 Gans
- 4 Äpfel
- 2 Zwiebeln
- Salz
- 3 EL getrockneter Beifuß
- 50 g Backobst
- 200 g blättrige Mandeln
- 100 g Paniermehl
- 4 EL Gänseschmalz vom Kochwasser
- 1 EL getrockneter Majoran
- Pfeffer

ZUBEREITUNG:

Zuerst die Gans von außen und innen säubern und von allen Federkielen befreien. Dann die letzten zwei Flügelknochenelemente und die Halshaut abschneiden.

Tipp: Den Hals und die abgeschnittenen Flügelknochen aufbewahren, um daraus die Soße zu kochen.

2 Äpfel waschen und ungeschält und mit Kerngehäuse vierteln. Die Zwiebeln ebenfalls ungeschält vierteln.

In einem großen Topf ausreichend Wasser mit etwas Salz zum Kochen bringen und die Gans, die Äpfel, den Beifuß und die Zwiebeln hineingeben und 70 Minuten kochen.

Den Backofen auf 180 °C Umluft vorheizen.

Die restlichen Äpfel schälen, entkernen und genauso wie das Backobst in Würfel schneiden. In einer Schüssel mit den Mandeln, dem Paniermehl und dem Gänseschmalz vermischen und mit Majoran, Salz und Pfeffer würzen.

Die Gans vorsichtig aus dem Wasser heben und auf einen Grillrost über einem Backblech legen. **Achtung: Heiße Brühe ist in der Gans!** 2 Tassen Kochbrühe in das Backblech gießen.

Die Füllung in der vorgekochten Gans verteilen. Gans salzen, pfeffern und dann 30 Minuten im Ofen garen. Danach bei 210 °C Umluft in etwa 10 Minuten knusprig braten. Dabei ständig kontrollieren, damit nichts anbrennt.

Die Gänsebrühe für die Soße (siehe Tipp) oder Eintöpfe verwenden.

So gelingen Rotweinbirnen und Bratäpfel

Es wird wirklich schwer, sich bei einem Weihnachtsessen mit knuspriger Gans und duftendem Rotkohl nicht auch noch in diese leckeren Beilagen zu verlieben. Genauso schwer ist es, in der riesigen Apfelscheune hinter der schweren Kühlhaustür unter tausenden von Äpfeln die besten zu finden, welche gerade gut genug für das Festessen sind. Wer gute Äpfel sucht, spannende Geschichten, eine Führung durch die Apfelhöfe und unterschiedliche Sorten probieren mag, der sollte sich ein Apfeldiplom in Jork nicht entgehen lassen.

ZUTATEN:

Birnen:

- 2 Birnen
- 375 ml Rotwein
- 1 Stange Zimt
- 2 Gewürznelken
- 10 Wacholderbeeren
- Preiselbeeren zum Füllen

Äpfel:

- 2 Äpfel
- 150 g Persipan *oder* Marzipan
- 20 g Rosinen
- 20 g blättrige Mandeln
- 1 Rum-Aroma
- etwas Zucker

4 Portionen | **30 Minuten** | **20 Minuten**

ZUBEREITUNG:

Rotweinbirnen:

Die Birnen waschen und schälen. Die Schale aufheben. Den Stiel der Birnen stehen lassen. Die Birnen halbieren und mit einem Kugelausstecher oder einem Löffel das Kerngehäuse entfernen.

Den Rotwein in einen Topf geben. Dazu die Birnenschalen, die 4 Birnenhälften, das Kerngehäuse, Zimt, Gewürznelken und Wacholderbeeren geben. Auch die Apfelschalen (siehe *Zubereitung der Bratäpfel*) können mit hinein.

Aufkochen und anschließend ziehen lassen.

Mit Preiselbeeren füllen und servieren.

Bratäpfel:

Die Äpfel waschen und den Boden sowie den Deckel abschneiden, sodass eine gerade Fläche entsteht. Die Äpfel in der Breite halbieren.

Mit einem Kugelausstecher oder Löffel das Kerngehäuse entfernen und noch etwa 2–3 mm weiter aushüllen, sodass die Füllung gut hineinpasst.

Wichtig: Nicht durchstechen!

Den oberen Rand der Äpfel schälen. Schale und Kerngehäuse können ebenfalls zu den kochenden Birnen gegeben werden.

Das Persipan oder Marzipan mit den Rosinen und Mandeln vermengen. Wer möchte, kann etwas Rum-Aroma hinzugeben. Kleine Bälle formen und die Äpfel damit füllen. Auf dem Rand der Äpfel etwas Zucker verteilen.

Für etwa 12 Minuten bei 180 °C Umluft in den Ofen geben.

Darauf achten, dass sie nicht zu braun werden.

Die Geest

Tatsächlich bin ich direkt auf dem Rand zur Geest geboren und der deutliche Höhenunterschied zum Alten Land machte es möglich, die in 10 km Entfernung fahrenden dicken Pötte auf der Elbe auch von uns zu Hause aus zu sehen.

Im Gegensatz zum Alten Land gibt es hier fast nur sandige Böden, in denen Kartoffeln prima gedeihen.

Dennoch spielt auch der Getreide- und Maisanbau eine große Rolle und viele Wildschweine tummeln sich gern in diesen Feldern.

Auch der bei uns so beliebte Grünkohl wird hier angebaut. Früher wurde er nur nach dem ersten Frost geerntet. Heute geht das auch früher, nachdem dem Grünkohl die Bitterstoffe weggezüchtet wurden.

Im Wasser der klaren Heidebäche werden mit Erfolg schmackhafte Forellen gezüchtet und Karpfenteiche gibt es genügend.

Die Kiefer- oder Buchenwälder mit ihrem Wildbestand bestimmen genauso wie die ausgeprägten Heideflächen mit ihren Heidschnucken die Landschaft und die einheimische Küche.

Gerade die Heidschnucken sorgen durch ihren Verbiss der Heide und der Wildkräuter für den Erhalt der Heideflächen und haben einen unverwechselbaren, sehr feinen Fleischgeschmack.

Dass junge Frauen und Männer von der Geest nie ins Alte Land verheiratet wurden, ist eine örtliche Sage. Tatsächlich galt es dort „unten“ als unschick, jemanden von der Geest zu heiraten, denn so kam – aus Sicht der Altländer – ja nur unfruchtbares Land in die Familie.

Das heimliche Festessen: Grünkohl mit Kasseler, Schweinebauch, Kohlwurst und süßen Kartoffeln

Harte, wirklich sehr harte Arbeit ist das Vorbereiten des Grünkohls vor dem eigentlichen Verkauf. Das eigentliche Ernten der „friesischen Palme“ ist das Eine, aber das Zupfen der einzelnen Blätter vom viel zu harten Strunk bei Minustemperaturen mit eiskalten Händen in einer zugigen Halle ist echte Schwerstarbeit. Einen aufrichtigen Respekt verdienen sich alle, die damit schwer ihr Geld verdienen. Einen hervorragenden Grünkohlhof gibt es in der Ortschaft Neukloster, gleich hinter dem gleichnamigen Forst.

ZUBEREITUNG:

Einen großen Topf mit leicht gesalzenem Wasser aufstellen und zum Kochen bringen. Den groben Strunk von den Grünkohlblättern entfernen und den Grünkohl gut waschen.

Im kochenden Salzwasser den Grünkohl blanchieren, herausnehmen und auf einem Sieb mit kaltem Wasser abschrecken. Nun den Grünkohl mit einem großen Messer ein wenig durchhacken.

Die Zwiebeln schälen und in Streifen schneiden.

Das Schweineschmalz im selben Topf wie eben zum Schmelzen bringen. Die Zwiebeln darin anschwitzen, salzen und pfeffern. Den Grünkohl dazugeben und den Senf hineingeben.

Das Kasseler und den Schweinebauch auf den Grünkohl legen und den Topf so weit mit Wasser auffüllen, bis das Fleisch knapp bedeckt ist. Abgedeckt 1 ½ Stunden köcheln lassen, dabei ab und zu umrühren.

Knochen aus dem Bauchfleisch entfernen, wenn sie sich leicht lösen lassen, und das Bauchfleisch zusammen mit dem Kasseler im Backofen bei 60 °C Umluft abgedeckt warm halten.

Nun die Kohlwürste zum Grünkohl geben, 10 Minuten gar kochen und dann ebenfalls warm stellen. Um den Fond im Grünkohl etwas anzudicken, die Haferflocken hinzugeben. Direkt unterrühren und etwa 3 Minuten ziehen lassen. Mit Salz, Pfeffer und evtl. etwas Zucker abschmecken und mit dem aufgeschnittenen Fleisch servieren.

ZUTATEN:

- Salz
- 1 kg Grünkohl
- 300 g Zwiebeln
- 200 g Schweineschmalz
- Pfeffer
- 2 EL Senf, mittelscharf
- 1 kg Kasseler ohne Knochen
- 600 g Schweinebauch
- 4 Kohlwürste
- 50 g Haferflocken
- 2 EL Zucker

4 Portionen **1 ½ Stunden** **2 ½ Stunden**

Zarte Heidschnucken-keule im Kartoffelbett

Heidschnucken werden unter anderem in der Lüneburger Heide gehalten und gezüchtet. Diese sehr genügsamen Tiere gehören zur Gattung der Schafe und haben einen ausgesprochen feinen Wildgeschmack. Das Fleisch ist wie ein französischer Champagner als eigene Herkunftsbezeichnung geschützt und ist wirklich etwas ganz Besonderes.

Besonders sind auch die Schäfer mit ihren Hütehunden in dieser wundervollen und malerischen Landschaft. Ein Beruf mit Nachwuchssorgen und viel Einsamkeit. Und wo soll überhaupt das Handy aufgeladen werden?

ZUTATEN:

- 1 frische Heidschnuckenkeule
- 2 EL Senf
- 5 Knoblauchzehen
- 1 Zweig Rosmarin
- 1 EL Wacholderbeeren
- 2 EL Oregano
- 100 ml Olivenöl
- Salz
- Pfeffer
- 800 g kleine mehligkochende Kartoffeln
- 300 g Schalotten
- 400 g Kirschtomaten

4 Portionen | 1 Stunde | 1 Stunde

ZUBEREITUNG:

Die Heidschnuckenkeule in Öl anbraten. In der Zwischenzeit bereiten wir die Marinade vor:

Senf, Knoblauch, den gezupften Rosmarin, Wacholderbeeren, Oregano, Olivenöl, Salz und Pfeffer in ein hohes Gefäß geben und alles gut mit einem Mixer pürieren.

Die gut angebratene Keule aus dem Topf nehmen und mit der Marinade gut einstreichen.

Kartoffeln waschen, halbieren und im selben Topf anbraten, bis sie eine schöne Bräunung haben. Die Schalotten schälen, halbieren und obendrauf geben. Ebenfalls anschwitzen und mit Salz und Pfeffer würzen.

Jetzt die angebratene Heidschnuckenkeule auf die Kartoffeln und Schalotten legen. Die Tomaten mit in den Topf geben und verteilen. Das Ganze im Backofen bei 180 °C Ober-/Unterhitze ca. 1 Stunde garen. Am besten mit einem Kernthermometer bis 59 °C überwachen, dann vor dem Aufschneiden noch 15 Minuten ruhen lassen.

Einfache Cremesuppe vom Hokkaidokürbis

Im Spätsommer wachsen auf der Geest auch die Kürbisse zu ungeahnter Größe heran. Der Weltrekord liegt bei über 800 kg! Als Koch bevorzuge ich allerdings die deutlich kleineren Hokkaidokürbisse, deren Schale mitgegessen wird und eine wundervolle Färbung und einen feinen Geschmack ergibt. Eine riesige Auswahl an Kürbissen findet man von September bis Oktober nahe der Autobahnabfahrt Rade. Schon von Weitem ist die große Kürbispyramide zu sehen.

ZUTATEN:

- 100 g mehligkochende Kartoffeln
- 400 g Hokkaidokürbis
- 1 Bund Suppengemüse
- 3 kleine Zwiebeln
- 3 EL Pflanzenöl
- Salz
- Pfeffer
- 1 l Gemüsebrühe
- 1 Lorbeerblatt
- 2 Gewürznelken
- 1 TL Pfefferkörner
- 1 TL Pimentkörner
- 1 Stück Muskatnuss zum Reiben

ZUBEREITUNG:

Kartoffeln schälen, waschen und klein scheiden.

Den Kürbis waschen, halbieren und entkernen. Den Strunk abscheiden. Dann den Kürbis mit der Schale klein schneiden.

Das Suppengemüse auseinandernehmen, die Karotte, die Zwiebel und den Sellerie schälen, den Lauch waschen. Das vorbereitete Gemüse jeweils klein schneiden.

Die Petersilie aus dem Suppengemüse waschen, trocken schütteln und fein hacken.

In einem Topf das Öl erhitzen und das gesamte Gemüse (bis auf die Kartoffeln) darin anschwitzen, aber nicht bräunen, sodass sich keine Röststoffe bilden. Mit Salz und Pfeffer würzen. Hat das Gemüse etwas Glanz, die Kartoffeln und die Gemüsebrühe dazugeben.

Die Gewürze in ein Tee-Ei füllen und zur Suppe geben. Suppe ca. 45 Minuten köcheln lassen. Die Kartoffeln sollten sich nun einfach zerdrücken lassen.

Das Tee-Ei wieder herausnehmen und die Suppe mit einem Stabmixer pürieren. Mit frisch geriebener Muskatnuss abschmecken.

Die Suppe mit der gehackten Petersilie garnieren.

4 Portionen 30 Minuten 45 Minuten

Weißes Spargelragout mit Gemüse und Ei

Schön gleichmäßig gewachsen, kerzengerade und mit weißer Spitze – so kennen wir den Spargel Handelsklasse 1a in den Supermärkten. Doch wer einmal selbst Spargel gestochen hat, weiß nicht nur, dass der hohe Kilopreis meist gerechtfertigt ist, sondern auch, dass die gute Mutter Erde nicht nur die geraden Stangen wachsen lässt. Diese krummen Stangen schmecken natürlich genauso gut wie die edlen Stangen. Man nennt sie auch „Spargelbruch“. Im April und Mai wird dieses wundervolle Gemüse gestochen und jede Gemeinde rühmt sich natürlich damit, den besten zu haben.

ZUTATEN:

- 150 g Erbsen
- 500 g weißer Spargel
- Salz
- Zucker
- 50 g Butter
- 6 Eier
- 30 g Mehl
- 200 ml Sahne
- Pfeffer
- Muskat

4 Portionen | 30 Minuten | 30 Minuten

ZUBEREITUNG:

Gegebenenfalls Tiefkühlerbsen auftauen.

Den frischen weißen Spargel von der Kopfseite nach unten schälen. Dabei sollte die Spargelspitze, etwa das obere Viertel, ausgespart werden. Das Ende des Spargels so weit kürzen, bis sich dieses nicht mehr holzig anfühlt.

TIPP: Schalen und Abschnitte aufbewahren und zu Spargelcremesuppe weiterverarbeiten.

In einem ausreichend großen Topf etwa 2–3 l Wasser mit Salz, Zucker und 20 g Butter aufkochen.

Bei mittlerer Hitze den Spargel etwa 6–8 Minuten kochen, bei dickeren Stangen auch etwas länger. Gibt der Spargel beim Eindrücken des unteren Endes leicht nach, ist dieser bissfest. Auch leichtes Biegen beim Anheben des Spargels ist ein gutes Zeichen für den idealen Garpunkt. Spargel etwas auskühlen lassen und dann in ca. 1 cm dicke Ringe schneiden.

300 ml des Spargelfonds aufbewahren.

Die Eier hart kochen, das dauert etwa 10 Minuten. Mit kaltem Wasser abschrecken. Anschließend vierteln.

Tipp: Um das Aufplatzen der Eier zu vermeiden, kann Salz zum Wasser hinzugefügt werden. Essig im Wasser hilft, das Herauslaufen des Eiklars bei aufgeplatzten Eiern zu verhindern.

Die restlichen 30 g Butter in einem Topf bei mittlerer Hitze schmelzen. Mehl hinzugeben und glatt rühren. Zu dieser entstandenen Mehlschwitze schluckweise den Spargelfond hinzugeben und verrühren. Eventuell entstehende Klumpen mit dem Schneebesen glatt rühren. Nach dem Fond kann die Sahne hinzugegeben werden. Die Soße aufkochen und mit Salz, Pfeffer und Muskatnuss abschmecken.

Die aufgetauten Erbsen, Spargelstücke und anschließend die Eierviertel unter die Soße heben.

Geschmorte Hasenkeule in Preiselbeersoße

Es sollen von Jahr zu Jahr weniger werden – die Feldhasen. Früher riefen mich die Jäger an und boten mir die Hasen für 5 Mark pro Stück für mein Restaurant an. In den letzten Jahren waren praktisch keine mehr zu bekommen. Denn die wenigen Tiere aus der Strecke wurden gern von den Jägern behalten. Das Zubereiten einer Hasenkeule ist ganz einfach, das Essen dieser aber nicht frei von Gefahr. Denn schon oft hat eine übersehene Schrotkugel für erhebliche Kosten beim Zahnarzt gesorgt.

4 Portionen | 1 ½ Stunden | 2 Stunden

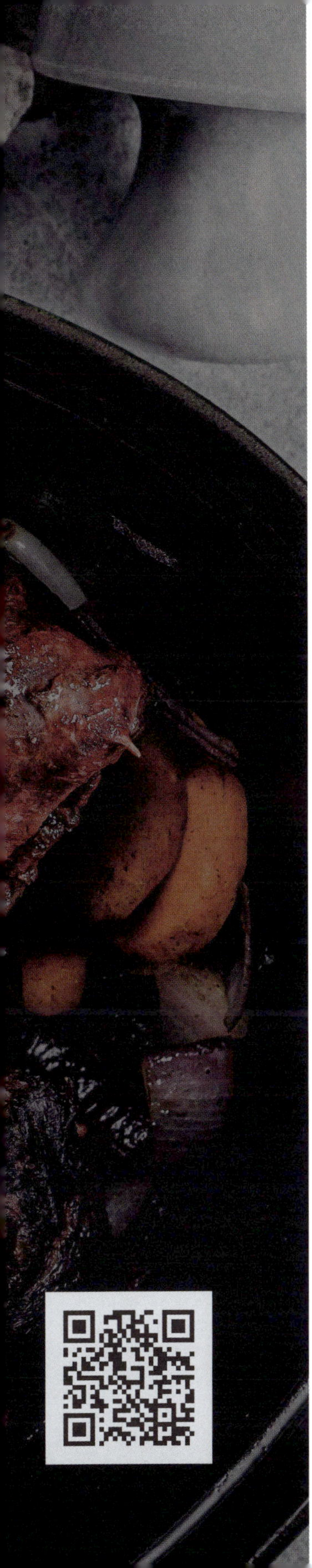

ZUTATEN:

- 1 Bund Suppengemüse
- 2 Zwiebeln
- 750 ml trockener Rotwein
- 2 Lorbeerblätter
- 3 EL Wacholderbeeren
- 1 EL Pimentkörner
- 2 EL Pfefferkörner
- 4 Hasenkeulen
- 2 EL Pflanzenöl
- 2 EL Tomatenmark
- Salz
- 50 g Butter
- 60 g Mehl
- 200 ml Sahne
- 50 g Preiselbeeren
- Pfeffer

ZUBEREITUNG:

Das Suppengemüse auseinandernehmen, putzen und klein würfeln. Die Zwiebeln schälen und in kleine Würfel schneiden.

Rotwein, Gemüse, Zwiebeln und Gewürze in einem Topf vermischen, die Hasenkeulen hineingeben und zugedeckt 3 Tage kalt stellen.

Am Tag der Zubereitung die Hasenkeulen und das Gemüse aus dem Rotwein nehmen.

Backofen auf 160 °C Ober-/Unterhitze vorheizen.

Die Keulen trocken tupfen und in einem Bräter mit Öl von allen Seiten anbraten. Dann wieder herausnehmen und nun das Gemüse anbraten. Ist alles schön braun, das Tomatenmark einrühren und ebenfalls anrösten. Mit etwas vom Einlegefond ablöschen und einkochen lassen. Wenn das Gemüse wieder zu braten beginnt, noch einmal mit dem Fond ablöschen. Vorgang wiederholen, bis die Soße eine schöne Farbe hat.

Die Hasenkeulen wieder dazugeben und den restlichen Fond mit den Gewürzen und 750 ml Wasser angießen. Leicht salzen und einmal aufkochen. Hasenkeulen zugedeckt 1 Stunde im Ofen schmoren.

Die Hasenkeulen aus dem Bräter nehmen und bei 60 °C im Ofen warm stellen. Die Soße durch ein Sieb in eine Schüssel abgießen.

Die Butter in einem Topf schmelzen und bräunen, das Mehl einrühren und ebenfalls etwas bräunen. Nach und nach die Soße hinzugeben und mit einem Schneebesen glatt rühren. Dann etwa 2 Minuten bei geringer Hitze köcheln lassen. Sahne und Preiselbeeren hinzufügen und mit Salz und Pfeffer abschmecken.

Einfaches und schnelles Rehrückenfilet

Wie auch bei den Hasen bekommt man frisches Rehfleisch beim Jäger. Es lohnt sich oft, bei den Revierförstereien einmal nachzufragen, denn fast alle Jäger haben mittlerweile schon perfekt und vor allem hygienisch ausgestattete Schlacht- und Kühlhäuser. Denn auch dort sind die Vorgaben für eine Vermarktung sehr hoch und werden dementsprechend auch überprüft. Für mich zählt Wild nicht nur als feine Köstlichkeit, sondern es gibt mir auch ein gutes Gefühl in Punkto gesundes Fleisch aus einer freien Lebensform.

ZUTATEN:

- 1 Rehrücken mit Knochen
- 2 EL Pflanzenöl
- Salz
- Pfeffer
- 30 g Butter

ZUBEREITUNG:

Den Backofen auf 90 °C Umluft vorheizen.

Den Rehrücken auslösen und die Rückenfilets von der feinen Silberhaut befreien. Bitte die eigentlichen Filets an der Unterseite nicht vergessen auszulösen.

Tipp: Den Knochen und die Silberhäute für eine braune Soße nutzen.

Das Öl in einer Pfanne erhitzen und die Rückenfilets bei mittlerer Hitze darin von allen Seiten anbraten. Dann herausnehmen, salzen und pfeffern. In eine ofenfeste Form legen, mit der Butter bestreichen und mit einem Bratenthermometer versehen im Ofen ziehen lassen, bis im Kern eine Temperatur von 54 °C erreicht ist. Dann das Fleisch im geöffneten Ofen etwa 5 Minuten ruhen lassen.

In dieser Zeit die Unterseitenfilets rosa braten. Das rosa gebratene Fleisch tranchieren.

4 Portionen
30 Minuten
30 Minuten

„Feine Küche: Besser und schneller geht es nicht.“

Klare Kartoffelsuppe mit Rindfleisch und Gemüse

Eintöpfe, oder neudeutsch „One-Pot-Gerichte“, waren früher eine Selbstverständlichkeit. Wer hatte schon bei all der Arbeit Zeit zum Kochen? So wurde einfach alles in einen Topf geworfen und so lange gekocht, bis es gar war und auseinanderfiel. Dadurch erzielt man bestenfalls einen guten Geschmack, jedoch blieben das Aussehen und vor allem das Gefüge gern auf der Strecke. Dieses Rezept schlägt einen Bogen zur alten Zeit, ohne dabei das Aussehen zu vernachlässigen. Denn das Auge isst ja bekanntlich mit.

ZUTATEN:

- 2 Rinderbeinscheiben
- Salz
- 1 Lorbeerblatt
- 2 Gewürznelken
- 1 TL Pfefferkörner
- 1 TL Pimentkörner
- 300 g festkochende Kartoffeln
- 1 Bund Suppengemüse
- 1 Pastinake
- 1 Petersilienwurzel
- 2 kleine Zwiebeln
- 3 EL Pflanzenöl
- Pfeffer
- 1 l Gemüsebrühe
- 1 Stück Muskatnuss zum Reiben

4 Portionen | **1 Stunde** | **2 ½ Stunden**

ZUBEREITUNG:

Die Beinscheiben mit kaltem Wasser aufsetzen, leicht salzen, die Gewürze hinzugeben und 2 Stunden köcheln lassen.

Tipp: Alternativ kann dieser Schritt übersprungen und anstatt der Rinderbrühe einfach eine Gemüsebrühe verwendet werden.

Kartoffeln schälen, waschen und klein würfeln. Das Suppengemüse putzen. Die Zwiebeln schälen. Das vorbereitete Gemüse jeweils gleichmäßig klein schneiden.

Die Petersilie aus dem Suppengemüse waschen, trocken schütteln und fein hacken.

In einem Topf das Öl erhitzen und das Gemüse (bis auf die Kartoffeln und die Petersilie) darin anschwitzen, aber nicht bräunen, sodass sich keine Röststoffe bilden. Mit Salz und Pfeffer würzen.

Hat das Gemüse etwas Glanz, die Kartoffeln und die passierte Brühe dazugeben.

Die Suppe 20 Minuten köcheln lassen. Die Kartoffeln sollen gar werden, aber nicht verkochen.

Die gekochten Beinscheiben vom Knochen befreien. Das Fleisch ebenfalls würfeln und als Einlage in die Suppe geben. Mit frisch geriebener Muskatnuss abschmecken.

Die Suppe mit der gehackten Petersilie garnieren.

Frische Steinpilze in Schnittlauch-Sahne

In den großen Wäldern, wie dem Rüstjer Forst, gibt es neben dem Wild auch noch diesen anderen Schatz: Pilze in allen Arten.

Einige davon, wie Maronen, sind leicht zu finden, andere erst nach mehrmaligem Blanchieren genießbar und wieder andere selten und kostbar wie der Steinpilz. Fundplätze werden geheim gehalten und nur innerhalb der Familie weitergegeben. Wichtig ist das behutsame Herausdrehen aus dem Boden und das Wiederverschließen des Loches. Das Putzen der Pilze an der Fundstelle ist verpönt, denn so verrät man seinen Platz sehr schnell an andere Sammler. Da das gewerbsmäßige Sammeln nur mit einer Genehmigung zulässig ist, sollte man sich mit einer Menge für den persönlichen Gebrauch begnügen.

ZUTATEN:

- 1 Schalotte
- 300 g Steinpilze (oder auch Kräuterseitlinge)
- 50 g Butter
- Salz
- Pfeffer
- 100 ml Sahne
- Schnittlauch

4 Portionen | 20 Minuten | 15 Minuten

ZUBEREITUNG:

Schalotte schälen und würfeln. Die Pilze putzen und zerkleinern.

In einer Pfanne Butter zum Schmelzen bringen und die Schalotte darin anschwitzen lassen.

Die geputzten, zerkleinerten Pilze hinzugeben, salzen und pfeffern. Keine große Hitze notwendig.

Mit etwas stillem Wasser ablöschen und reduzieren lassen.

Fangen die Pilze wieder an zu braten, Sahne hinzugeben und ebenfalls einkochen lassen.

Fein geschnittenen Schnittlauch hinzugeben.

Riesige Kohlrouladen ohne Stress beim Binden

Wieder so ein Gericht, welches schon beim Schmoren im Ofen so einen unglaublich betörenden Duft verbreitet. Geschmorter Kohl und fein abgeschmecktes Hackfleisch in einer kräftigen Soße aus reichlich Gemüse und noch mehr Kohl, dazu eine einfache Salzkartoffel. Sterne werden so nicht erkocht, aber zufriedene und satte Menschen am Tisch gewonnen. Herrlich, dieses einfache Essen.

ZUTATEN:

Rouladen:

- 1 Weißkohl
- Salz
- 1 TL Kümmel
- 2 altbackene Brötchen
- 50 ml Milch
- 1 Zwiebel
- 1 EL Pflanzenöl
- 1 Ei
- 600 g Rinderhackfleisch
- frisch geriebene Muskatnuss
- Pfeffer
- 4 Scheiben durchwachsener Speck

Soße:

- 1 Zwiebel
- 1 EL Pflanzenöl
- 2 EL Tomatenmark
- 2 EL Speisestärke
- Salz
- Pfeffer

4 Portionen **1 ½ Stunden** **1 ½ Stunden**

ZUBEREITUNG:

Den ganzen Weißkohlkopf mit einem Messer keilförmig vom Strunk befreien.

In einem großen Topf ausreichend Wasser zum Kochen bringen und leicht salzen. Anschließend den Kohl und den Kümmel in das Wasser geben, sodass der Kohl darin schwimmt.

Wenn sich nach und nach die äußeren Blätter ablösen, diese jeweils nacheinander aus dem Kochwasser nehmen, bis nur noch die ganz kleinen Blätter übrig sind. Kohl aus dem Topf nehmen und Kochwasser für die Soße aufbewahren.

Aus 4 großen Blättern jeweils die dicke Mittelrippe herausschneiden. 4 mittelgroße und 8 kleine Blätter beiseitelegen, sodass pro Portion 4 Blätter bereitliegen – je 1 großes, 1 mittelgroßes und 2 kleine Blätter pro Roulade. Nicht verwendete Blätter, die Rippen und das Herz für die Soße aufbewahren.

Die Brötchen zerteilen, in eine Schüssel geben, mit Milch übergießen und einweichen lassen.

Die Zwiebel schälen und fein würfeln. Öl in einer Pfanne bei geringer Hitze erwärmen und die Zwiebel darin etwas anschwitzen. Dann herausnehmen und abkühlen lassen.

Das Ei, die Zwiebelwürfel und das Hackfleisch zu den eingeweichten Brötchen geben, gut verkneten und mit Salz, Pfeffer und Muskat würzen.

Den Backofen auf 200 °C Umluft vorheizen.

Für die Rouladen nun auf jedes der 8 kleinen Kohlblätter etwas Füllung geben und zu einem Päckchen falten. Jeweils 2 kleine Päckchen in ein mittelgroßes Blatt legen und wiederum zu einem Päckchen falten. Diese Päckchen jeweils in die großen Blätter wickeln. Päckchen mit der geschlossenen Seite auf ein Geschirrtuch legen und die Enden des Tuches kräftig zudrehen, sodass die Kohlroulade zusammengepresst wird. Dabei tritt etwas Wasser aus und die Füllung wird zwischen die Blätter gepresst. So hält die Roulade besser zusammen.

Jede Roulade mit 1 Scheibe Speck umwickeln und in eine passende Auflaufform legen. Rouladen ca. 20 Minuten im Ofen schmoren, bis sie etwas Farbe angenommen haben. Dann aus dem Ofen nehmen.

Für die Soße die Zwiebel schälen und wie die übrigen Kohlreste in gleichmäßige Stücke schneiden.

In einem Topf etwas Pflanzenöl erhitzen. Die Zwiebel und die restlichen Kohlstücke darin braun braten. Das Tomatenmark einrühren und mit 100 ml Kochwasser ablöschen. Soße einkochen lassen. Wenn sich wieder Röststoffe bilden, wieder 100 ml Kohlwasser hinzugeben. Diesen Vorgang ein weiteres Mal wiederholen, bis die Soße eine schöne braune Farbe hat.

Die Soße zwischen die Kohlrouladen gießen und noch so viel Kochwasser zugeben, bis die Rouladen zu ⅔ bedeckt sind.

Die Rouladen 1 Stunde bei 160 °C Umluft im Ofen schmoren.

Die fertigen Kohlrouladen aus dem Ofen nehmen, die Soße mit etwas Speisestärke andicken und mit Salz und Pfeffer abschmecken.

Gebräunter Rosenkohl mit Speck als Beilage

Man liebt ihn oder man hasst ihn. So einfach ist das manchmal. Wobei die Bitterstoffe schon vor einiger Zeit weggezüchtet wurden. Tatsächlich ist der Choux de Bruxelles richtig gesund, denn er enthält viel Vitamin A und C und viele Mineral- und Ballaststoffe. Auch lässt sich dieses Wintergemüse hervorragend einfrieren. Und so zubereitet wie in diesem Rezept schmeckt er auch wirklich prima.

4 Portionen 30 Minuten 20 Minuten

ZUTATEN:

- 1 Zwiebel
- 400 g Rosenkohl
- Salz
- Zucker
- 50 g Speck *oder* 1 EL Pflanzenöl
- Pfeffer
- Muskatnuss

ZUBEREITUNG:

Die Zwiebel schälen und würfeln. Die äußeren Blätter des Rosenkohls abnehmen, sollten sie leicht gelb sein. Den Strunk so weit abschneiden, dass die Blätter nicht abfallen. Den Strunk kreuzweise einschneiden, damit der Rosenkohl gleichmäßig gart.

Salz und Zucker in kochendes Wasser geben, sodass das Wasser kräftig nach Salz und Zucker schmeckt. Rosenkohl hinzugeben und blanchieren lassen.

Den Speck in eine Pfanne geben und diesen mit etwas Wasser erhitzen lassen. Ist das Wasser verkocht, können die Zwiebelwürfel hinzugegeben werden.

Tipp: Als vegetarische Variante den Speck weglassen und die Zwiebeln in etwas Pflanzenöl anschwitzen.

Den Rosenkohl je nach gewünschter Konsistenz garen lassen und nach dem Blanchieren in Eiswasser geben. Sobald er abgeschreckt ist, in die Pfanne mit den Zwiebeln geben. Ganz besonders lecker wird der Rosenkohl, wenn er beim Anbraten ein wenig Farbe bekommt. Mit Pfeffer würzen. Der Speck ist bereits sehr salzig, daher sehr vorsichtig salzen, wenn gewollt. Etwas frisch gemahlene Muskatnuss hinzu.

„Wenn der Rosenkohl braune Füße bekommt, ist er erst richtig lecker!“

LEkocht

Knusprige Kartoffelpuffer mit Apfelmus

Kartoffelpuffer oder Reibekuchen werden nicht gebraten – sie werden gebacken. So nennt man das Garen im tiefen Fett. So bekommen sie keine dunklen Röststoffe und werden gleichzeitig richtig schön knusprig. Dazu schmeckt mir am besten ein frisch gekochtes und stückiges Apfelmus. Großartig auch mit Kräuterquark und geräuchertem Lachs. Meine liebe Kamerafrau Carmen liebt Zucker auf ihren Puffern und schwört darauf.

ZUTATEN:

Kartoffelpuffer:

- 1 kg mehligkochende Kartoffeln
- 1 Zwiebel
- 2 Eier
- Salz
- Pfeffer
- frisch geriebene Muskatnuss
- 4 EL Pflanzenöl

Apfelmus:

- 4 säuerliche Äpfel

4 Portionen **30 Minuten** **45 Minuten**

ZUBEREITUNG:

Kartoffelpuffer:

Die Kartoffeln waschen, schälen und nochmals waschen. Auf einer Vierkantreibe mit der zweitfeinsten Reibe in eine Schüssel reiben.

Die Zwiebel schälen und zu der Kartoffelmasse reiben.

Die Masse auf ein Tuch geben und gut ausdrücken. Das Kartoffelwasser dabei in einer Schüssel auffangen und zur Seite stellen.

Die Eier zur Kartoffelmasse geben, Salz, Pfeffer und Muskatnuss zufügen und alles gut vermengen.

Nach kurzer Zeit sollte sich beim Kartoffelwasser das Wasser von der Kartoffelstärke gelöst haben. Dann Wasser vorsichtig abgießen und die am Boden abgesetzte Stärke zur Kartoffelmasse geben.

In einer großen Pfanne etwas Pflanzenöl erhitzen. Mit einem Löffel aus der Kartoffelmasse gleichmäßige Häufchen abnehmen, in das heiße Öl setzen und flach drücken. Nach etwa 8–10 Minuten, wenn die Unterseite der Puffer goldbraun ist, Reibekuchen wenden und die zweite Seite ebenfalls goldbraun braten. Die Reibekuchen auf einem Küchentuch abtropfen lassen und sofort heiß servieren. Vorgang so oft wiederholen, bis der Kartoffelteig aufgebraucht ist.

Apfelmus:

Für das Apfelmus 4 säuerliche Äpfel schälen, vierteln, entkernen und in kleine Stücke schneiden. Mit einem kleinen Schuss Wasser zugedeckt bei mittlerer Hitze kochen und schmelzen lassen.

Milder Rotkohlsalat mit glasierten Trauben

Gerade im goldenen Herbst, wenn die Tage noch sehr warm sind, aber schon kürzer werden, der Ahorn und die Buchen auch uns in Norddeutschland einen „Indian Summer“ bescheren, dann schmeckt dieser einfache Salat am besten. Dazu einen milden Wildschweinschinken und ein gutes Brot.

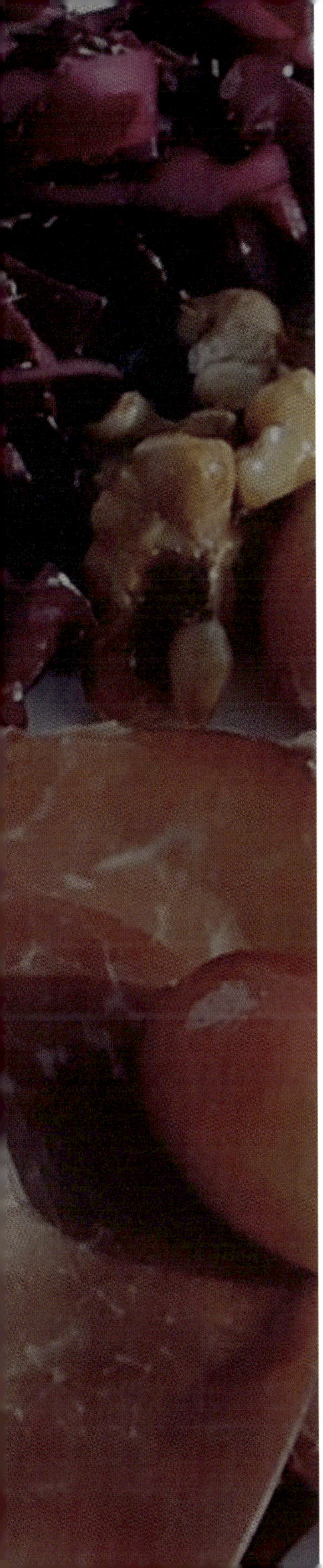

3 Portionen 30 Minuten 20 Minuten

ZUTATEN:

- 1 kleiner Rotkohl
- Salz
- ca. 4 EL weißer Balsamico-Essig
- Walnussöl
- 2 EL Honig
- 200 g blaue Trauben
- 60 g Walnusskerne
- Pfeffer

ZUBEREITUNG:

Den Rotkohl vierteln und vom Strunk befreien. In feine Streifen schneiden und kräftig salzen. Durchrühren und kräftig kneten. Dann für etwa 15 Minuten durchziehen lassen. Das sich gebildete Rotkohlwasser abschütten. Den Balsamico und etwas Walnussöl hinzugeben.

Den Honig in einer Pfanne erhitzen und etwas karamellisieren lassen. Die Trauben und Walnüsse hinzugeben und erwärmen.

Von dem flüssigen Honig aus der Pfanne noch etwas zum Salat geben und den Salat mit Salz und Pfeffer abschmecken.

Mit den warmen Trauben und Walnusskernen anrichten.

Jägertoast mit frischen Champignons

Durch einen Tipp erfuhren wir von einer Pferdekoppel, auf der Wiesenchampignons wachsen sollten. Und tatsächlich trauten wir unseren Augen kaum. In großen Kreisen, den sogenannten „Hexenringen", wuchsen so viele Pilze, dass wir uns nur die besten heraussuchen konnten und uns ärgerten, keine Körbe dabei gehabt zu haben. Im nächsten Jahr fuhren wir mit Waschkörben und Kartons ausgerüstet wieder dorthin, um festzustellen, dass es keine gab. Schade!

Champignons lassen sich blanchiert prima einfrieren und auch einwecken. Wobei eine Lagerzeit von mehr als einem Jahr nicht empfehlenswert ist.

ZUTATEN:

- 1 Zwiebel
- 4 Scheiben Speck
- 700 g Schweinefilet
- 500 g Champignons
- Salz
- 400 g Crème fraîche
- Schnittlauch
- Pfeffer
- 4 Scheiben Toast
- 160 g Emmentaler

4 Portionen **30 Minuten** **30 Minuten**

ZUBEREITUNG:

Den Speck in einer Pfanne auf kleiner Flamme knusprig braten.

Während der Speck in der Pfanne ist, das Schweinefilet quer zur Faser in dünne Scheiben bzw. Taler schneiden.

Den knusprigen Speck aus der Pfanne nehmen und jetzt das Fleisch scharf anbraten. Wenn sich das Fleisch am Rand verfärbt hat, dann einmal wenden und weiter anbraten, bis das Fleisch gar ist. Nun das Fleisch aus der Pfanne nehmen und im Ofen warm halten.

Anschließend die Zwiebeln glasig anbraten und danach die Pilze dazugeben. Das Ganze direkt mit etwas Salz würzen, damit die Champignons im eigenen Saft schmoren können. Alles zärtlich anbraten, dann Crème fraîche und Schnittlauch dazu, mit Pfeffer abschmecken und fertig ist die Soße.

Den Ofen schon mal auf größte Stufe und Oberhitze einstellen.

Den Toast jetzt mit dem Fleisch, der Soße und dem Käse belegen und in den Ofen zum Überbacken stellen.

Ganz zum Schluss noch den Speck auf den Toast legen und fertig ist der Jägertoast!

Fasanenbrüstchen auf Sauerkraut

Die Wirtschaftswege zwischen den großzügigen Feldern und Äckern der Geest eignen sich hervorragend für ausgedehnte Spaziergänge mit dem Hund. Allerdings bitte nur angeleint, denn die Jagdpächter verstehen bei streunenden Hunden überhaupt keinen Spaß. So empfiehlt sich eine lange Schleppleine, sodass der Hund etwas Auslauf bekommt.

Wenn mein Hund Walter dann am Wegesrand etwas witterte, blieb er wie angewurzelt stehen und versuchte mir deutlich zu machen: „Hey Chef, da ist was!“ Also wurde gemeinsam geschaut, was sich so am Feld für Abenteuer ergaben. Der im allerletzten Moment aufspringende und mit unglaublich lautem Gepöbel auffliegende Fasan erschreckte dann meist nicht nur den Hund bis ins Mark.

ZUTATEN:

Fasanenbrüstchen:

- 4 Fasanenbrüste
- Pfeffer
- 8 Scheiben Frühstücksspeck
- 1 EL Pflanzenöl
- etwas Butter
- 1 Zweig Rosmarin

Sauerkraut:

- 1 Gemüsezwiebel
- 80 g Gänseschmalz
- 750 g Sauerkraut
- 200 ml Apfelsaft
- ½ TL gemahlener Kümmel
- Salz
- Pfeffer
- evtl. etwas Zucker und Speisestärke

4 Portionen **45 Minuten** **1 Stunde**

ZUBEREITUNG:

Die Zwiebel schälen, halbieren und in feine Streifen schneiden.

Diese in einem Topf mit dem Gänseschmalz anschwitzen, bis sie Glanz bekommen. Das Sauerkraut dazugeben und mit dem Apfelsaft auffüllen. Mit Kümmel, Salz und Pfeffer würzen.

Zugedeckt bei schwacher Temperatur 30 Minuten köcheln lassen.

Die Fasanenbrüste sehr ordentlich auf mögliche Schrotkugeln untersuchen und säubern. Mit gemahlenem Pfeffer würzen und mit je zwei Scheiben Speck umwickeln.

In einer heißen Pfanne das Öl erhitzen und die Fasanenbrüste kurz von beiden Seiten anbraten.

Das Öl aus der Pfanne gießen und stattdessen etwas Butter hinzugeben. Falls die Pfanne nicht backofengeeignet ist, alles in eine Auflaufform umfüllen. Den Rosmarin unter die Fasanenbrüste legen und im Ofen bei 160 °C Umluft für 15 Minuten braten.

Tipp: Eine Fasanenbrust wird unglaublich schnell trocken, daher der Speckmantel und die kurze Garzeit.

Das Sauerkraut mit Salz und Pfeffer und evtl. einer Prise Zucker abschmecken. Sollte noch zu viel Sauerkrautsaft im Topf sein, kann dieser mit etwas(!) Speisestärke gebunden werden. So bleibt das Sauerkraut schön saftig.

Die Fasanenbrüstchen 2- bis 3-mal schräg aufschneiden und auf dem Sauerkraut servieren.

Forellenfilets in Mandelbutter

Durch den Flecken Horneburg am Geestrand fließt, von der Geest kommend, die Aue mit ihrem klaren und kühlen Wasser. Ab Horneburg büßt sie ihren Namen ein und wird zur Lühe. Das Wasser ändert auch seine Farbe, wird trüber und zum Brackwasser. Denn obwohl die Nordsee fast 70 km entfernt ist, reicht bis hierhin der Einfluss der Tide und so entsteht eine Mischung aus Salz- und Süßwasser.

Oberhalb dieser Grenze werden im noch klaren Wasser beste Forellen gezüchtet.

ZUTATEN:

- 4–8 frische Forellenfilets (je nach Größe)
- Salz
- Pfeffer
- 1 Zitrone
- 4 EL Pflanzenöl
- etwas Mehl
- 120 g Butter
- 80 g blättrige Mandeln

4 Portionen **20 Minuten** **15 Minuten**

ZUBEREITUNG:

Die Forellenfilets säubern und trocken tupfen. Mit Salz, Pfeffer und etwas Zitronensaft würzen.

In einer großen Pfanne das Öl erhitzen.

Die Forellenfilets direkt vor dem Braten im Mehl wenden, abstäuben und sofort in die Pfanne geben. Bei mittlerer Temperatur goldbraun anbraten und dann wenden.

Im Ofen bei ca. 60 °C warm halten.

Tipp: So können auch mehrere Portionen nacheinander zubereitet werden.

Das Bratfett aus der Pfanne gießen und stattdessen nun die Butter hinzufügen und erhitzen. Ist die Butter etwas braun (nussig), die Mandeln hinzugeben und ebenfalls leicht bräunen.

Die gebräunten Mandeln über die Forellenfilets geben.

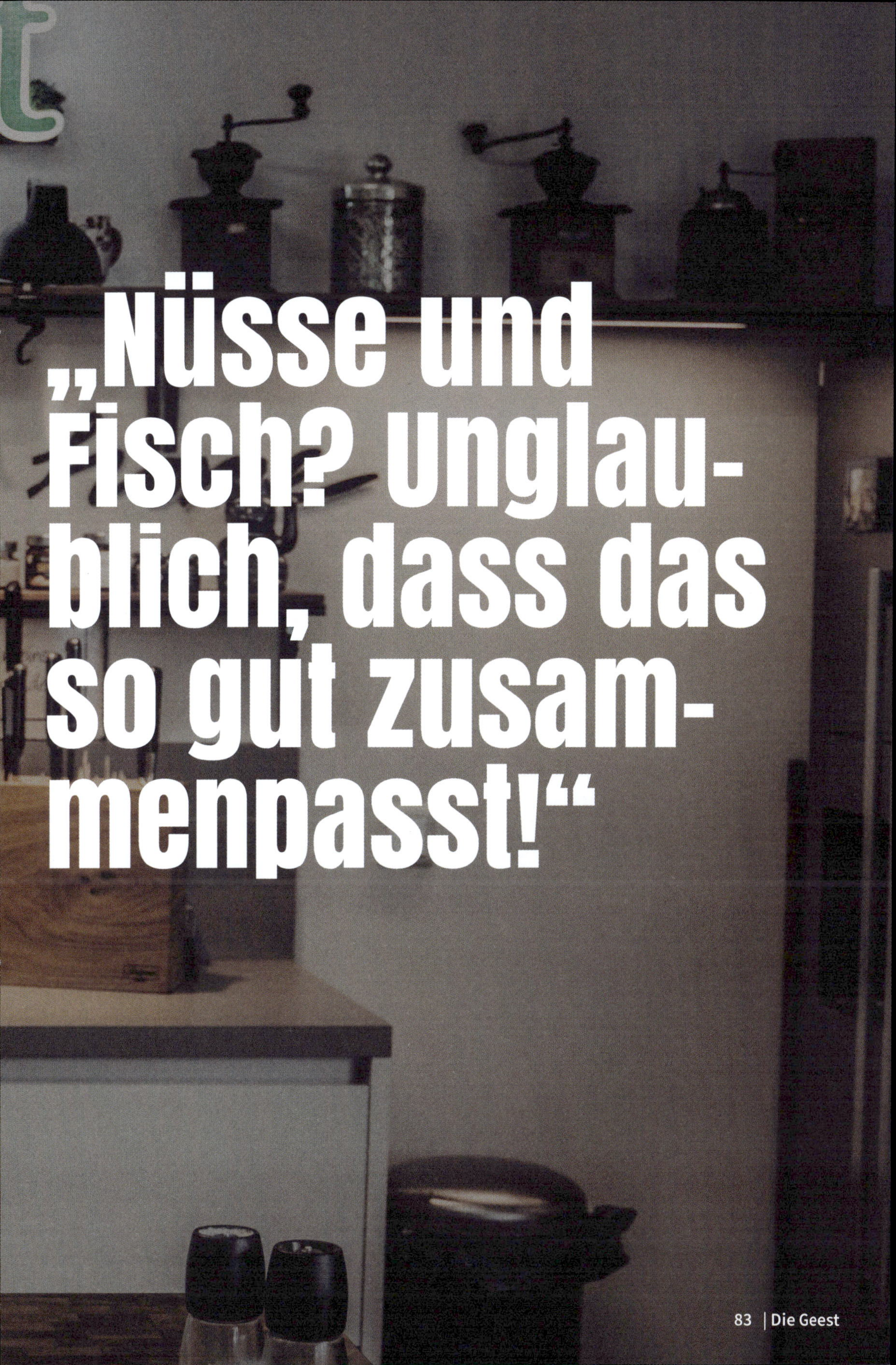

„Nüsse und Fisch? Unglaublich, dass das so gut zusammenpasst!“

Cremiges Hühnerfrikassee

Eine nicht so ernst gemeinte Bauernregel besagt:
„Kräht der Hahn auf dem Mist, ändert sich das Wetter oder es bleibt, wie es ist."

Doch wo findet man noch Hühner, die im Mist kratzen dürfen? In der Ortschaft Elstorf gibt es einen weitbekannten Geflügelhof. Dessen große, mit Netzen zur räuberischen Flugabwehr überspannten Freiflächen werden ebenso wie die Hühner durch freilaufende Hütehunde beschützt. Eine beeindruckende Szenerie. Dass diese Tiere tatsächlich auf 15 Hektar in der Erde kratzen und ohne Zugabe von Medikamenten wachsen dürfen, ist ein deutlicher Fortschritt.

ZUTATEN:

- 1 Suppenhuhn
- 1 Bund Suppengemüse
- 1 Zwiebel, wenn nicht beim Suppengemüse dabei
- Salz
- Pfeffer
- 50 g Butter
- 60 g Mehl
- 500 ml der Hühnerbrühe
- 500 ml Sahne
- Saft einer Zitrone
- frisch geriebene Muskatnuss

4 Portionen **45 Minuten** **2 Stunden**

ZUBEREITUNG:

Das Suppenhuhn säubern und prüfen, ob auch alle Innereien restlos entfernt sind.

Das Suppengemüse auseinandernehmen, Karotte und Sellerie schälen und den Lauch waschen.

Die Zwiebel schälen und halbieren. Anschließend mit der Schnittfläche nach unten in eine trockene Pfanne legen und so lange braten, bis sie goldgelb angeröstet ist.

Das Huhn, die gebräunte Zwiebel, Salz und Pfeffer in einen ausreichend großen Topf geben. So viel Wasser angießen, dass alles damit bedeckt ist. Suppe zum Kochen bringen.

Tipp: Die Gewürze am besten in ein Tee-Ei füllen.

Wenn das Wasser kocht, das vorbereitete Gemüse hineinlegen und die Suppe dann etwa 1 ½ Stunden köcheln lassen. Dabei immer wieder mit einer Schaumkelle den Eiweißschaum abschöpfen.

Das Gemüse und das Huhn aus dem Topf heben und kalt stellen.

Die Brühe nun durch ein sauberes Tuch in einen zweiten Topf passieren.

Das erkaltete Hühnerfleisch von der Haut und den Knochen lösen. Dabei zuerst die Keulen abnehmen. Dazu die Hautfalte der Keulen einschneiden, damit die Keulen überdehnt werden können und das Gelenk aus der Gelenkschale springt. Die Haut durchschneiden, um die Keulen abzunehmen. Die Flügelknochen nach hinten drehen und mit der Hand entfernen. Übrig bleibt die Brust auf der Karkasse. Links und rechts des Brustbeins einen Schnitt setzen und das Brustfleisch mit dem Messer entlang des Knochens abheben. Zurück bleibt die Karkasse.

Hühnerfleischreste an den Knochen ebenfalls ablösen und verwenden. Das Fleisch und das Gemüse aus der Brühe in mundgerechte, nicht zu kleine Stücke schneiden.

In einem Topf die Butter schmelzen und das Mehl einrühren und kurz anschwitzen. Etwas Hühnerbrühe hineingießen und mit einem Holzlöffel verrühren. Dickt die Mehlschwitze wieder an, mehr Brühe zugießen. Beim Verrühren nun zum Schneebesen wechseln, damit keine Klumpen entstehen. Ist die Brühe ganz eingearbeitet, nach und nach die Sahne einrühren.

Soße mit Salz, Pfeffer, etwas Zitronensaft und Muskatnuss abschmecken. Das gewürfelte Fleisch und Gemüse untermischen, in der Soße erwärmen und servieren.

Grützwurst mit Kartoffelstampf und Apfelmus

Fast jedes Dorf hatte bis vor einigen Jahren seine eigene Landschlachterei, doch es werden leider immer weniger. Eine dieser letzten befindet sich in der Ortschaft Neukloster. Früher bewachte der Schlachter Heinz bei Bier und Köm schon am Samstagnachmittag und die ganze Nacht über den großen Ochsen über dem offenen Feuer am Spieß, sodass er auch rechtzeitig zum Frühtanz auf Norddeutschlands größtem Pfingstfest gar wurde. Auch diese Tradition ist leider Vergangenheit. Aber immer noch größter Beliebtheit erfreuen sich die hellen und dunklen Grützwürste dieser kleinen Schlachterei.

ZUTATEN:

Kartoffelstampf und Grützwürste:

- 600 g mehligkochende Kartoffeln
- Salz
- 4 Grützwürste
- Muskatnuss
- 2 EL Pflanzenöl

Apfelmus:

- 4 säuerliche Äpfel

4 Portionen **30 Minuten** **45 Minuten**

ZUBEREITUNG:

Apfelmus:

Für das Apfelmus die Äpfel schälen, vierteln, entkernen und in kleine Stücke schneiden. Mit einem kleinen Schuss Wasser zugedeckt bei mittlerer Hitze kochen und schmelzen lassen.

Kartoffelstampf und Grützwürste:

Die Kartoffeln schälen, waschen und klein schneiden. Mit Wasser bedeckt und leicht gesalzen gar kochen.

Die Grützwürste in einem separaten Topf mit Wasser bedeckt erwärmen und 15 Minuten ziehen lassen.

Tipp: Nicht kochen lassen, denn die Würste könnten platzen.

Sind die Kartoffeln gar, das Kochwasser abgießen und die Kartoffeln bei ausgeschalteter Herdplatte 3 Minuten ausdampfen lassen. Mit etwas geriebener Muskatnuss würzen und kurz durchstampfen.

In einer Pfanne die heißen Grützwürste mit dem Öl nur kurz anbraten und servieren.

Tipp: Achtung Verletzungsgefahr! Die Grützwürste unbedingt etwas abtrocken, bevor sie in das heiße Öl kommen.

Endlich saftige Entenkeulen aus dem Sud

Brust oder Keule? Das fragte sich nicht nur Louis de Funès in dem gleichnamigen Film. Welches Teil des Geflügels ist nun das bessere? Es ist und bleibt reine Geschmackssache. Die in diesem Rezept zuvor im Apfelschmalz confierten Entenkeulen sind auf jeden Fall meine erste Wahl. Soviel ist sicher.

4 Portionen **30 Minuten** **1 ½ Stunden**

ZUTATEN:

- 500 g Gänseschmalz
  (aus dem Supermarkt, wenn nicht vorrätig)
- 2 Äpfel
- 1 Zwiebel
- 4 Entenkeulen
- Salz
- Pfeffer
- Beifuß

ZUBEREITUNG:

Das Gänseschmalz mit ½ l Wasser in einem großen Topf erhitzen.

Die Äpfel waschen und in grobe Würfel schneiden. Die Zwiebeln vierteln. Beides dient nur dem Geschmack und wird später nicht mitgegessen. Die Äpfel müssen daher nicht geschält werden.

Die gewaschenen, geputzten und trocken getupften Entenkeulen von beiden Seiten kräftig mit Salz und Pfeffer würzen.

Die Keulen in das heiße Gänseschmalz geben. Äpfel, Zwiebelstücke und Beifuß hinzugeben. Abgedeckt bei etwa 150 °C 1 Stunde garen lassen, dabei hin und wieder vorsichtig umrühren. Mit einem Holzspieß hineinstechen. Fällt die Entenkeule leicht wieder ab, ist sie gar und kann herausgenommen werden.

Bei 200 °C Umluft im Backofen grillen, bis die Haut knusprig ist. Dabei darauf achten, dass sie nicht verbrennt.

Tipp: Das Gänseschmalz so lange weiter kochen lassen, bis es komplett klar ist und dann durch ein feines Sieb geben. Schmeckt hervorragend auf Brot und eignet sich zum Braten von Bratkartoffeln oder zum Kochen von Rotkohl.

Mein Hamburg

Hansestadt und Tor zur Welt mit dem großen Hafen und direkt an Elbe und Alster gelegen. Dass Hamburg mehr Brücken über seinen vielen Kanälen hat als Venedig, wird oft mit gewissem Stolz berichtet. Und die viel zu teuer, aber schick gewordene Elbphilharmonie ist zum Wahrzeichen der Stadt geworden.

Der Fischmarkt bekommt durch den steigenden Meeresspiegel immer öfter nasse Füße, aber man kann immerhin wieder in der Elbe baden und die Stinte ziehen wieder häufiger den Fluss zum Laichen hinauf.

Auch der Zander fühlt sich hier sehr wohl und wird gern gegessen.

Kulinarisch hat Hamburg mit seinen Sterne-Restaurants sowieso einiges zu bieten. Dennoch sind Erika's Eck mit den Mettbrötchen, die Veddeler Fischküche mit Seelachsfilet und Kartoffelsalat oder die Currywürste an der Mönckebergstraße immer eine gute Wahl. Und die meisten Fischbrötchen in Hamburg werden wohl vor oder nach einer Hafenrundfahrt von Touristen gegessen.

Weit bekannt ist das Seefahrergericht Labskaus, welches nur von Unwissenden und völlig zu Unrecht gemieden wird. Denn bestes Rindfleisch, Kartoffeln, Zwiebeln und Rote Bete sind die wenigen Zutaten.

Hier in Hamburg habe ich meinen Beruf gelernt, meinen Meister gemacht und diese norddeutsche Küche lieben gelernt.

Die leckeren Franzbrötchen gehören ganz sicher zu meinen Grundlebensmitteln in Hamburg.

Seemanns-Labskaus - mein Heiligtum

Ich glaube von mir sagen zu können, dass ich weltoffen, liberal und tolerant bin. Der Grundsatz „Leben und leben lassen“ steht für mich weit oben. Doch beim Labskaus hört das auf. Ich werde ungehalten, wenn Landratten, ohne zu probieren, die Nase rümpfen oder unwissend schlimme Geschichten über dieses alte Seefahrergericht verbreiten.

Auf den alten Handelsrouten mit wochenlanger Seefahrt auf Segelschiffen gab es nur wenige Möglichkeiten, Nahrungsmittel haltbar zu lagern. Dazu gehörten Kartoffeln, gepökeltes Fleisch und sauer eingelegtes Gemüse, wie zum Beispiel Rote Bete und Gewürzgurken.

Dass das Fleisch so zart wie möglich gekocht wurde, sodass es praktisch schon auseinanderfiel, war dem Skorbut geschuldet, unter dem fast jeder Seefahrer litt. Dass Rote Bete und Co. durch den hohen Vitamin-C-Gehalt genau dagegen halfen, wusste man damals leider noch nicht.

Also: Das Gericht, den Umständen seiner Entstehungszeit geschuldet und heute mit besten Zutaten und viel Fachwissen gekocht, ist tatsächlich eine wahre Köstlichkeit. Dass eingelegte Heringsfilets, Gurken, Rote Bete und Spiegeleier dazu gegessen werden, ist richtig. Dass Fisch ins Labskaus gehört, eher Seemannsgarn.

ZUTATEN:

Labskaus:

- 1 kg gepökeltes Rindfleisch
- 1 Bund Suppengemüse
- 3 Gemüsezwiebeln
- 2 EL Pfefferkörner
- 2 Lorbeerblätter
- 4 Gewürznelken
- 1 kg mehligkochende Kartoffeln
- Salz
- 700 g Rote Bete aus dem Glas
- 700 g Gewürzgurken aus dem Glas
- 200 g Schmalz
- 2 EL mittelscharfer Senf
- Pfeffer

Als Beilagen:

- Spiegeleier
- Rote Bete
- Saure Gurken
- Rollmops

4 Portionen | **1 Stunde** | **2 Stunden**

ZUBEREITUNG:

Das Pökelfleisch in einem Topf mit dem Suppengemüse, einer Zwiebel, den Pfefferkörnern, Lorbeerblättern und Gewürznelken mit kaltem Wasser bedeckt aufsetzen und zum Kochen bringen. Die Kochzeit beträgt ca. 1 ½ Stunden. Das Fleisch soll dabei sehr zart werden.

Die Kartoffeln schälen, waschen und etwas kleiner schneiden, mit Wasser bedeckt und leicht gesalzen ebenfalls gar kochen.

Die Rote Bete und die Gewürzgurken getrennt voneinander abgießen und jeweils den Saft aufbewahren.

Je die Hälfte Rote Bete und Gewürzgurke als Beilage auf Schüsseln verteilen und erst einmal kalt stellen. Die anderen Hälften getrennt durch einen Fleischwolf mit einer groben Scheibe wolfen.

Tipp: Der Fleischwolf muss zwischen den einzelnen Arbeitsschritten nicht jedes Mal gereinigt werden, denn am Ende kommen alle Zutaten sowieso wieder zusammen.

Die restlichen Zwiebeln schälen und fein würfeln.

Ist das Fleisch gar, aus der Brühe nehmen und ebenfalls wolfen.

Die Brühe durch ein feines Sieb gießen.

Nun in einem großen Topf das Schmalz erhitzen und darin die Zwiebeln glasig anschwitzen. Dazu das gewolfte Fleisch, die gewolfte Rote Bete und die gewolften Gewürzgurken geben und mit dem aufgefangenen Gewürzgurkenfond und einem Teil der Kochbrühe auffüllen und alles unter ständigem Rühren erwärmen. Dabei muss eine dünnflüssige, leicht breiige Konsistenz entstehen.

In diese Mischung nun die gekochten Kartoffeln mit einer Kartoffelpresse hineinpressen und ebenfalls unterrühren. Mit dem Senf, Salz und Pfeffer abschmecken und warm halten.

Nun können ausreichend viele Spiegeleier als Beilage gebraten werden. Weitere Beilagen sind die schon vorbereiteten Gurken und Rote Bete sowie einige Rollmöpse, welche alle extra gereicht werden.

Tipp: Sitzen alle Gäste am Tisch und sind die Spiegeleier gebraten, kommt das große Finale: Jetzt gibt man nur zur Farbverbesserung so viel Saft von der Rote Bete dazu, wie man es selbst hübsch findet. Schon sieht das Ganze frisch und appetitlich aus. Übrig gebliebenes Labskaus kann prima eingefroren werden und lässt sich jederzeit wieder mit Roter Bete aufhübschen. Schmeckt am zweiten Tag sowieso viel besser.

Hamburger Fischfrikadelle

An den Landungsbrücken auf einem Poller zu sitzen und den flinken Fähren, den dicken Pötten und den tanzenden Schleppern auf der kabbeligen Elbe zuzusehen, ist schon ein Privileg. Dazu eine Knolle mit echtem Hamburger Bier, ein Fischbrötchen und aus der Ferne klingt Hans Albers von einem Touristendampfer.

Meine heutige Sicht zu allen Arten von Frikadellen und gerade bei Fischfrikadellen ist, dass man viel Vertrauen zu dem meist unbekannten Koch und zu den eigentlichen Nahrungsmitteln braucht. Deshalb haben die angebotenen „Knastpralinen“ an den Hamburger Landungsbrücken bei mir deutlich weniger Chancen auf Akzeptanz als die Fischbrötchen aus der gleichen Fischtheke.

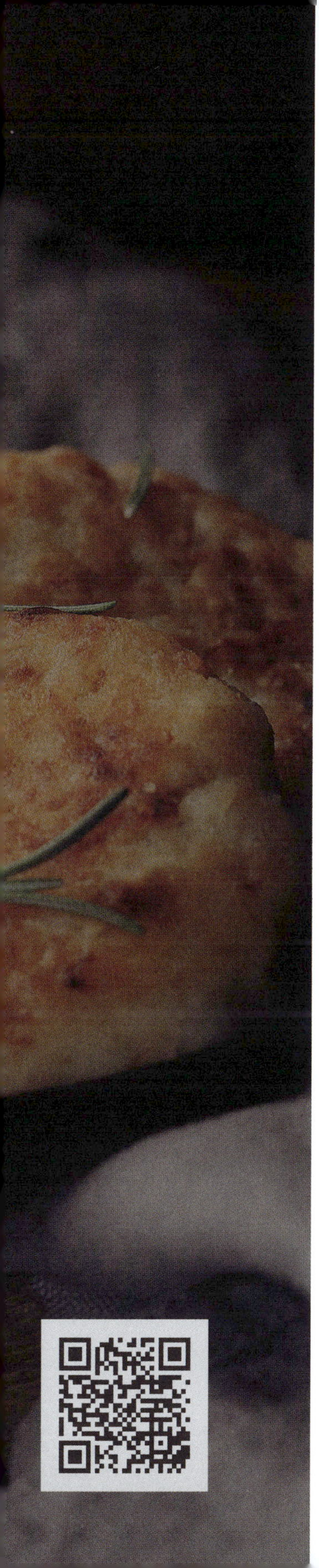

4 Portionen | 45 Minuten | 30 Minuten

ZUTATEN:

- 800 g Kabeljaufilet
- ½ Zwiebel
- 1 Knoblauchzehe
- 1 Bund Petersilie
- Salz
- Pfeffer
- Saft einer halben Zitrone
- 2 Eier
- 150 g Paniermehl
- etwas Pflanzenöl
- etwas Butter

ZUBEREITUNG:

Den Fisch säubern und in Würfel schneiden.

Zwiebel und Knoblauch schälen und klein würfeln. Die Petersilie waschen, trocken schütteln und grob hacken.

In einer Schüssel den Fisch mit der Zwiebel, der Petersilie und dem Knoblauch vermengen. Kräftig mit Salz, Pfeffer und Zitronensaft würzen.

Mischung zweimal durch einen Fleischwolf mit der feinsten Scheibe drehen.

Tipp: Um auch den letzten Rest des Fisches aus dem Wolf zu bekommen, einfach zum Schluss eine gekochte Kartoffel hindurch drehen.

Eier und Paniermehl gut mit der Masse vermengen und gleichmäßige Frikadellen aus dem Teig formen.

In einer Pfanne etwas Öl und Butter erhitzen, die Frikadellen darin von beiden Seiten goldgelb anbraten und dann bei schwacher Hitze zugedeckt gar braten. Das dauert je nach Dicke der Frikadellen etwa 10 Minuten.

„Nordisch by Nature. Liebe Grüße an Fettes Brot.“

Echte Hamburger Allsuppe

Achtung: nicht Aalsuppe!

Hamburgs Suppe mit ständigem Missverständnis: Nicht der Aal soll für ihren Namen verantwortlich sein, sondern der plattdeutsche Begriff „allens bin“, also ein Eintopf, in den alles hineinkam. Eher ein günstiges Essen für einfache Leute. Um Reisende, die Hamburg besuchten, nicht komplett zu verwirren und zu enttäuschen, hat man dann auch Aalstückchen dazugegeben. So weit zur überlieferten Geschichte. Fest steht aber, dass diese Suppe wirklich außergewöhnlich ist. Aus Schinkenknochen mit ihrem Raucharoma gekocht und süß-sauer im Geschmack. Wer hier einen Nachschlag bestellt, ist zu einem echten Fan geworden.

ZUTATEN:

- 1 großes Bund Suppengemüse
- 1 Gemüsezwiebel
- 1 kg Schinkenknochen
- 200 g Schinkenschwarte (**Tipp:** beim Schlachter lieb vorbestellen)
- 2 Lorbeerblätter
- 2 Gewürznelken
- 2 EL Pfefferkörner
- 1 Bund Bohnenkraut
- 250 g Backobst
- 100 g grüne Erbsen
- 3 Karotten
- 200 g grüne Bohnen
- 1 Stange Lauch
- 2 EL Johannisbeergelee
- 1 Spritzer Essig
- ½ TL gemahlene Muskatnuss
- Salz
- Pfeffer

4 Portionen **45 Minuten** **3 ½ Stunden**

ZUBEREITUNG:

Tipp: Wer diese fantastische Suppe kochen möchte, sollte sich 2 Tage Zeit nehmen: Am ersten Tag in Ruhe die Schinkenbrühe kochen und das Backobst einweichen und den Rest am zweiten Tag zubereiten. Es macht so mehr Spaß.

Erster Tag:

Suppengemüse putzen und Zwiebel schälen.

Die Schinkenknochen, die Schwarte und das geputzte Suppengemüse zusammen mit der geschälten Zwiebel, den Lorbeerblättern, Gewürznelken, Pfefferkörnern und dem Bund Bohnenkraut mit kaltem Wasser aufsetzen, zum Kochen bringen und 3 Stunden auf kleiner Hitze köcheln lassen. Bitte kein Salz hinzufügen! Der Schinken ist schon salzig genug.

Das Backobst mit Wasser einweichen und kalt stellen.

Die fertige Brühe durch ein feines Sieb geben und kalt stellen.

Von dem Schinkenknochen das gekochte Schinkenfleisch absuchen, klein schneiden und ebenfalls kalt stellen.

Falls tiefgefroren, die grünen Erbsen auftauen.

Zweiter Tag:

2 l der Brühe wieder erwärmen.

Das eingeweichte Obst zum Abtrocknen auf ein Sieb geben und später in kleine Stücke schneiden.

Die Karotten, die Bohnen und den Lauch putzen und in kleine Stücke schneiden.

Das Backobst und das gesamte Gemüse in die Brühe geben und 10 Minuten köcheln lassen.

Die Suppe mit dem Johannisbeergelee, etwas Essig, Muskatnuss, Salz und Pfeffer abschmecken.

Tipp: In vielen Rezepten wird auch Aal in die Suppe gegeben. Dazu frisches Aalfilet in kleine Stücke schneiden und in der restlichen Schinkenbrühe für 10 Minuten köcheln lassen. Zusammen mit Grießklößchen (Folgeseite) als Einlage in die Suppe geben.

Herzhafte Grießklößchen als Suppeneinlage

Diese herzhafte Form der süßen Grießklößchen passt in jede klare Suppe. Die Größe kann dabei gern variieren.

ZUTATEN:

- 500 ml Gemüsebrühe
- Salz
- Pfeffer
- 110 g Weichweizengrieß
- 1 Ei

4 Portionen

15 Minuten

15 Minuten

ZUBEREITUNG:

Brühe erhitzen. In die heiße Brühe Salz und Pfeffer und den gesamten Grieß geben und unter ständigem Rühren auf mittlerer Hitze einen Brandteig herstellen. Das heißt: Der Grieß soll mit der Brühe einen festen Teig ergeben, welcher sich leicht vom heißen Topfboden löst.

Den Topf nun vom Herd nehmen, in die noch heiße Masse das Ei mit einem Holzlöffel einarbeiten und das Ganze nun abgedeckt 30 Minuten auskühlen und quellen lassen.

Einen Topf mit leicht gesalzenem Wasser zum Sieden bringen.

Den ausgekühlten Grießteig in eine Hand nehmen und nun mit einem Teelöffel kleine Klöße abstechen und direkt in das heiße Wasser gleiten lassen. Dabei den Löffel immer wieder anfeuchten.

Kommen alle Klöße nach oben, können sie mit einer Schaumkelle herausgenommen und warm in einer Suppe serviert werden.

Knuspriges Zanderfilet

Nicht nur in den Nebenflüssen der Elbe gibt es Brackwasser, sondern natürlich auch im Fluss selbst. Zander lieben diese Mischung aus salzigem Meerwasser und klarem Süßwasser.

Fast überall im Hamburger Hafen sieht man die Angler stehen und auf ihren großen Fang warten. Doch der gefräßige Jäger, welcher zur Gruppe der Barsche gehört, ist schlau und schwer zu überlisten. Er kann bis zu 20 Jahre alt werden und etwas mehr als einen Meter lang.

Das Filet, knusprig auf der Haut gebraten, ist eine Delikatesse.

ZUTATEN:

- 800 g Zanderfilet
- Saft einer Zitrone
- Salz
- Pfeffer
- Mehl zum Bestäuben
- etwas Pflanzenöl

4 Portionen | 15 Minuten | 15 Minuten

ZUBEREITUNG:

Beim Zanderfilet prüfen, ob noch Schuppen vorhanden sind. Wenn ja, mit dem Messer gegen den Strich der Schuppen fahren und diese entfernen. Danach den Fisch abspülen.

Den gesäuberten Fisch mit Zitronensaft beträufeln und von beiden Seiten salzen und pfeffern.

Etwas Mehl auf einen Teller geben und das Fischfilet kurz darin wenden. Überschüssiges Mehl vorsichtig abschütteln.

Etwas Pflanzenöl in einer Pfanne erhitzen. Den Zander mit der Hautseite nach unten in die Pfanne legen und bei geringer Hitze braten. Wenn die Haut eine goldgelbe Farbe annimmt und knusprig ist, das Filet wenden und nur noch kurz zu Ende garen. Unbedingt nur einmal wenden!

Mit der Hautseite nach oben anrichten.

Tipp: Bei der Fischzubereitung immer die drei S beachten: säubern, säuern, salzen.

Ochsenschwanzragout wie bei „Peter Lembke“

Das kleine Restaurant „Peter Lembke“ am Holzdamm, nur einen Steinwurf vom Hamburger Hotel „Atlantik“ entfernt, war eine echte Legende.

In der ehemaligen Kaufmannswohnung, mit Fenstern zum Innenhof voller alter Kastanien und eben zum Holzdamm, wurde im Keller gekocht. Und zwar so gut, dass das „Lembke“ in Hamburg Kult wurde und auf dem Titelblatt des „Feinschmecker“ war. Dort wurde das hohe Filetmittelstück, Steinbutt und auch das Ochsenschwanzragout gegessen – und dort durfte ich meinen Beruf erlernen.

ZUTATEN:

- 2 ganze Ochsenschwänze
- Pflanzenöl zum Braten
- 3 Karotten
- 3 Zwiebeln
- 1 Stück Sellerie
- 1 Pastinake
- 3 EL Tomatenmark
- 750 ml trockener Rotwein *oder* ungesüßter Traubensaft
- 2 Gewürzelken
- 3 Lorbeerblätter
- 1 EL Piment
- 1 EL Pfefferkörner
- 2 EL Salz
- 50 g Butter
- 60 g Mehl

4 Portionen **1 Stunde** **3 ½ Stunden**

ZUBEREITUNG:

Zunächst die beiden Ochsenschwänze in ihre Segmente zerteilen. Das geht ganz einfach, indem man durch die Knorpel schneidet. In einem Bräter oder großen Topf mit viel Fläche die Schwanzstücke in Öl gleichmäßig anbraten.

Das Gemüse putzen und in gleichmäßige Stücke schneiden.

Haben die Schwanzstücke eine schöne braune Farbe erreicht, diese aus dem Bräter nehmen und das Gemüse hineingeben und ebenfalls von allen Seiten anrösten.

Ist das Gemüse angebraten, das Tomatenmark hinzugeben und mit anrösten lassen. Mit dem Rotwein oder dem Traubensaft ablöschen, die Röststoffe vom Topfboden lösen und wieder reduzieren lassen. Fängt das Gemüse wieder an, Röststoffe zu bilden, erneut mit dem Rotwein oder Saft ablöschen und wieder die Röststoffe ablösen. Diesen Vorgang ein weiteres Mal wiederholen.

Die Ochsenschwanzstücke wieder hinzugeben und mit Wasser auffüllen, sodass alle Stücke bedeckt sind. Nun die Gewürze und das Salz hinzugeben. Bei geringer Hitze 2 ½ Stunden köcheln lassen.

Anschließend alle Schwanzstücke aus dem Ansatz nehmen und diesen durch ein feines Sieb geben.

In einem Topf die Butter schmelzen lassen und das Mehl einrühren und so eine Mehlschwitze herstellen. Mit dem Ochsenschwanzfond schluckweise auffüllen, bis eine sämige Soße entstanden ist.

Die noch warmen Ochsenschwanzstücke wieder in die Soße geben und servieren.

„Erinnerungen an meine Lehrzeit.“

Stint in Roggenmehl und Speck mit Kartoffelsalat

In Hamburg weist noch heute das Straßenschild „Stintfang“ darauf hin, dass das Fangen der Stinte, welche vom Meer her zum Laichen die Elbe hinaufziehen, ein Leichtes war. In Waschkörben statt Netzen konnte man sie fangen. Lebten vor 100 Jahren noch ca. 1.000 Familien vom Fischfang an der Elbe, so gibt es heute noch genau drei Elbfischer.

Einer davon ist Lothar Buckow. Er hat nicht nur die Fischerei von seinem Vater übernommen und liebt seinen Beruf, er ist auch zum „Don Quijote“ der Elbe geworden. Wie die spanische Romanfigur gegen Windmühlen kämpft Lothar gegen die Verschlammung der Elbe. Denn seine Stinte brauchen nicht nur sauberes Wasser, sondern auch den feinen Sand, um laichen zu können. Sind es vor wenigen Jahren noch viele Tonnen an Fisch gewesen, so ist es jetzt nur noch ein Bruchteil – trotz des deutlich besseren Wassers der Elbe. Direkt am Elbdeich in Borstel kann man seinen Fisch frisch oder auch gebraten erwerben.

ZUTATEN:

Kartoffelsalat:

- 1 kg festkochende Kartoffeln
- Salz
- 1 TL Kümmel
- 2 Zwiebeln
- 500 ml Gemüsebrühe
- 3 EL Pflanzenöl
- 3 EL Obstessig
- 3 EL mittelscharfer Senf
- 1 EL Zucker
- Pfeffer
- 150 g durchwachsener Speck

Stint:

- 1,2 kg Stint
- 1 Zitrone
- Salz
- Pfeffer
- 200 g Bauchspeck
- Pflanzenöl zum Braten
- Roggenmehl zum Wenden

4 Portionen | 1 ½ Stunden | 1 ½ Stunden

ZUBEREITUNG:

Kartoffelsalat:

Am besten schon einen Tag zuvor zubereiten.

Die Kartoffeln gründlich waschen und in einem Topf mit ausreichend kochendem Wasser, etwas Salz und Kümmel in 15 Minuten gar kochen.

Die gekochten Kartoffeln möglichst heiß pellen und dann erst auskühlen lassen. Sind sie richtig kalt, in gleichmäßige, nicht zu dünne Scheiben schneiden und in eine Schüssel geben.

Die Zwiebeln schälen und sehr fein würfeln. Während die Kartoffeln abkühlen, die Brühe in einem Topf aufkochen, Zwiebelwürfel hinzugeben und Brühe sehr kräftig mit Öl, Essig, Senf, Zucker, Salz und Pfeffer abschmecken.

Tipp: Die Brühe soll den neutralen Geschmack der Kartoffeln ausgleichen, daher bitte deutlich überwürzen.

Die heiße Brühe über die Kartoffelscheiben gießen und vorsichtig unterheben. Salat am besten über Nacht kühl stellen und durchziehen lassen.

Den Speck fein würfeln und in einem Topf mit einem Schluck Wasser erhitzen. Der Speck gart dann, ohne braun zu werden. Den Kartoffelsalat auf den ausgelassenen Speck geben, vorsichtig unterheben und leicht erwärmen.

Stint:

Die kleinen Fische ausnehmen und waschen. Trocken tupfen und mit Zitronensaft, Salz und Pfeffer würzen.

Den Speck ohne Schwarte fein würfeln und mit etwas Pflanzenöl in der Pfanne anbraten.

Die Fische portionsweise im Roggenmehl wenden, etwas abpudern und dann in der Pfanne von beiden Seiten goldgelb braten. Bis zur nächsten Portion im Backofen bei ca. 60 °C warm halten. Bis auf den Kopf wird der gesamte Fisch gegessen, denn seine Gräten werden knusprig und sind ausgesprochen zart.

Mit dem warmen Kartoffelsalat servieren.

Der beste Snack zur Nacht: Hamburger Rundstück warm

In Hamburg zu spät oder sehr früh am Morgen nach Hause zu kommen, wird einem sehr leicht gemacht. Zahlreiche Feste, Festivals und Clubs sorgen dafür, dass den Nachtschwärmern nicht langweilig wird. Zum Frühstücken zu früh und trotzdem etwas essen? Gut, dass es Erika's Eck in der Nachbarschaft zum Schlachthof gibt. Ein Mettbrötchen oder ein Rundstück warm XXL geht dann immer.

ZUTATEN:

- 500 ml Bratensoße vom Vortag
- Bratenreste vom Vortag
- 4 helle Brötchen
- 4 Gewürzgurken

4 Portionen | 15 Minuten | 15 Minuten

ZUBEREITUNG:

Die leckere Bratensoße vom Vortag in einem größeren flachen Topf wiedererwärmen. Dabei hilft ein wirklich kleiner Schluck Wasser, damit die Soße nicht anbrennt.

Den restlichen Braten vom Vortag kalt in dünne Scheiben schneiden und in der warmen Soße nur leicht anwärmen.

Die Brötchen aufschneiden und im Ofen etwas antoasten. Je zwei Hälften mit der Schnittseite nach oben auf vorgewärmte Teller geben und mit den Bratenscheiben gleichmäßig belegen. Die Soße darüber geben und mit den geschnittenen Gewürzgurken servieren.

Optional kann auch Remoulade verwendet werden.

Aal in Gelee

Der Elbfischer Lothar fängt in seinen Reusen auch allerlei Aale, welche zum Teil geräuchert, gebraten oder gekocht in Dillsoße zubereitet werden. Eine sehr schmackhafte Variante ist dieses Rezept meines Vaters. Das Tolle daran ist, dass sich die Aalsülze gekühlt auch längere Zeit hält.

ZUTATEN:

- 500 g frischer Aal mit Haut
- 1 Zwiebel
- 2 Karotten
- 12 Blatt weiße Gelatine
- 2 Eier
- 100 ml Weinessig
- Prise Zucker
- Salz
- 1 Lorbeerblatt
- 2 Gewürznelken
- 1 TL Pimentkörner
- 1 TL Pfefferkörner
- 2 Gewürzgurken

4 Portionen **45 Minuten** **45 Minuten**

ZUBEREITUNG:

Den ausgenommenen Aal sorgfältig säubern und in ca. 4 cm lange Stücke schneiden.

Die Zwiebel und die Karotten schälen.

Die Gelatine in kaltem Wasser einweichen.

Die Eier für 10 Minuten hart kochen.

Ca. 1 l Wasser mit Essig, Zucker und Salz so abschmecken, dass ein herber Geschmack entsteht. Nun die Gewürze, die Karotten und die geschälte Zwiebel hinzugeben und alles 10 Minuten köcheln lassen. Nun den Aal hinzugeben und zum Kochen bringen, dabei den entstehenden Schaum abschöpfen. Alles zusammen weitere 15 Minuten köcheln lassen.

Den Aal und die Karotten aus dem Sud nehmen und kalt stellen.

Den Aalfond nun durch ein feines Tuch passieren, noch heiß mit der ausgedrückten Gelatine verrühren und dann ebenfalls abkühlen lassen. Darauf achten, dass es noch nicht zu fest wird!

Währenddessen den Aal von den Gräten befreien. Die Karotten, die gekochten Eier und die Gewürzgurken in Scheiben schneiden.

Nun eine Backform oder kleine Gläser mit den Zutaten hübsch auslegen und mit dem Aalfond übergießen. Am besten über Nacht im Kühlschrank fest werden lassen.

Als Beilage eignen sich knusprige Bratkartoffeln.

Fischbrötchen wie an den Landungsbrücken

Das Gedränge der Touristen, das Geschrei der Möwen und die Hafenrundfahrtverkäufer, das eilige An- und Ablegen der Fähren und das leichte Schaukeln der schwimmenden Landungsbrücken machen diesen Ort einmalig und auch liebenswert.

Nirgendwo ist das berühmte „Tor zur Welt" deutlicher zu spüren als hier. Im Rücken die quietschenden Räder der auf einer Brücke vorbeifahrenden U-Bahn, gegenüber die beiden Musical-Zelte und direkt an der Waterkant die von den Schiffen aufgeschaukelte Elbe. Ich hätte jetzt auch gern ein Fischbrötchen.

ZUTATEN:

- 8 helle Brötchen
- 150 g Butter zum Bestreichen
- 1 Kopfsalat
- 100 g Nordseekrabben
- 100 g Räucherlachs
- 100 g Seelachssalat
- geräuchertes Aalfilet (nicht mehr zu bezahlen)
- 4 Matjesfilets *oder*
  4 saure Heringe *oder*
  4 Bratheringe
- 4 Fischfrikadellen
- 1 Bund Dill
- etwas krause Petersilie
- 50 ml Sahnemeerrettich aus dem Glas
- 1 Zwiebel

4 Portionen **30 Minuten** **15 Minuten**

ZUBEREITUNG:

Die möglichst einfachen, aber frischen Brötchen von der Seite her nur zu ⅔ aufschneiden und etwas aufklappen.

Mit etwas Butter beschmieren (macht am Hafen kaum einer, schmeckt aber besser) und mit ein bis zwei Salatblättern belegen.

Nun nach Belieben mit den Fischspezialitäten belegen und mit Dill oder Petersilie garnieren. Auf dem Räucherlachs dürfen Sahnemeerrettich und auf Seelachssalat und Matjes die Zwiebelringe nicht fehlen. Wer seinen Gästen mehr gönnt, nimmt nur halbe Brötchen, dafür mehr Fisch.

Wie man die **Fischfrikadellen** lecker selbst macht, findest du in diesem Kapitel auf **Seite 94**.

Finkenwerder Scholle mit Speckstippe und Pellkartoffeln

Wir müssen die drei verbliebenen Elbfischer fragen, ob bei Finkenwerder noch Schollen gefangen werden. Aus dem beschaulichen Fischerdorf auf einer ehemaligen Elbinsel ist heute ein Stadtteil Hamburgs mit viel zu hohem Verkehrsaufkommen geworden. Statt Fischkuttern starten und landen dort nun die großen Vögel von Airbus. Wer auf der anderen Seite der Elbe bei Teufelsbrück nach Finkenwerder blickt, erschreckt sich oft, wenn die großen Maschinen im Landeanflug über dem Kopf hinwegrauschen. Die Bewohner der teuren Wohngebiete zwischen Bahrenfeld und Blankenese finden das allerdings auch nicht so großartig.

ZUBEREITUNG:

Die Kartoffeln waschen und in leicht gesalzenem Wasser bedeckt gar kochen.

Den Speck fein würfeln und mit der Butter im Topf auslassen.

Die Zwiebel schälen, fein würfeln und zum Speck geben. Alles gar werden lassen.

Die Schollen in der Bauchöffnung sorgfältig reinigen und waschen. Trocken tupfen und ganz wichtig: einen ca. 3 cm langen Schnitt auf beiden Seiten an der dicksten Stelle der Scholle Richtung Schwanzflosse schneiden. So wird die Scholle beim Braten gleichmäßiger gar. Die Schollen mit Zitronensaft, Salz und Pfeffer würzen.

Das Pflanzenöl in der Pfanne erhitzen und die Schollen kurz im Mehl wenden, abpudern und sofort mit der hellen Seite zuerst anbraten. Da die Fische nur einmal gewendet werden sollen, ist so später die schönere Seite oben auf dem Teller.

Auch die dunklere Seite gar braten, dabei die Pfanne etwas schief halten und mit einem Löffel immer wieder heißes Öl über die helle Seite gießen. So bleibt diese knusprig und heiß.

Die Kartoffeln pellen und in Schüsseln heiß servieren. Die Speckstippe heiß in Saucieren und die Schollen auf heißen Tellern servieren.

ZUTATEN:

- 800 g festkochende Kartoffeln
- 200 g Bauchspeck
- 100 g Butter
- 1 Zwiebel
- 4 Schollen
- 1 Zitrone
- Salz
- Pfeffer
- 4 EL Pflanzenöl zum Braten
- Mehl zum Bestäuben

4 Portionen | **45 Minuten** | **1 Stunde**

Echte Zitronencreme und nix aus der Tüte

Sauer muss sie sein und ein bisschen zu viel nach Zitrone schmecken, dann ist sie genau richtig und distanziert sich zu Recht von allen möglichen Tütendesserts mit ähnlichem Namen.

Etwas in die Jahre gekommen und dennoch jedes Mal wieder eine echte Überraschung nach einem opulenten Mahl.

4 Portionen **30 Minuten** **30 Minuten**

ZUTATEN:

- 4 Eier
- 2 unbehandelte Zitronen (evtl. noch 1 als Deko)
- 4 EL Zucker
- 4 Blatt Gelatine
- Salz

ZUBEREITUNG:

Die Blattgelatine in kaltem Wasser einweichen.

Tipp: Wer auf Gelatine verzichten möchte, kann auch Agar-Agar nach den Verpackungshinweisen verwenden.

Die Eier in Eiklar und Eigelb trennen.

Die Zitronen waschen und zunächst, falls vorhanden und gewollt, mit einem Zestenreißer zur Dekoration Streifen der Schale abziehen. Die restliche Zeste mit einer Reibe abreiben.

Die Zitronen auf der Arbeitsfläche rollen und etwas Druck ausüben, um mehr Saft herauspressen zu können. Zitronen auspressen.

Das Eigelb mit der geriebenen Zeste und dem Zucker schaumig schlagen.

Einen kleinen Topf mit Wasser gefüllt zum Sieden bringen.

Den Zitronensaft zur Eigelbmasse hinzugeben und über dem Wasserbad aufschlagen. Ist das Eigelb cremig aufgeschlagen und die Masse heiß, diese vom Topf nehmen und die ausgedrückte Blattgelatine einrühren.

Hat sich die Gelatine aufgelöst, die Masse in einem kalten Wasserbad wieder kalt rühren.

Das Eiklar zu Eischnee steif schlagen. Dabei hilft eine Prise Salz.

Die nun kalte Masse auf den Eischnee geben und vorsichtig unterheben.

In Gläser oder Schalen abfüllen und für wenigstens 1 Stunde kalt stellen.

Die Zitronenzeste in Zucker einlegen und zum Dekorieren verwenden.

Wer möchte, kann noch eine Zitrone filetieren. Die Filets in Zucker legen, etwas wenden und ebenfalls als Deko benutzen.

Tipp: Bitte das Dessert am selben Tag verzehren, da rohe Eier enthalten sind.

Einfache Franzbrötchen

Egal ob du beim Bäcker stehst, beim Tanken bist oder in der Kantine: Ein Franzbrötchen geht immer.

Die Geschichte dieses beliebten Plundergebäcks mit Zimt und Zucker ist nicht genau überliefert. Ein Hamburger Bäcker soll in der Hamburger Franzosenzeit ein baguetteähnliches, längliches Franzbrot gebacken haben. Ist ja aber auch egal, denn dieses Gebäck gehört halt zu Hamburg wie der Michel.

ZUTATEN:

Teig:

- 250 ml Milch
- 75 g Zucker
- 1 Würfel frische Hefe
- 1 Vanilleschote
- 500 g Mehl plus mehr für die Arbeitsfläche
- 1 Prise Salz
- 1 Ei

Füllung:

- 250 g Zucker
- 5 TL gemahlener Zimt
- 150 g Butter

10 Stück **1 Stunde** **15 Minuten**

ZUBEREITUNG:

Den Backofen auf 40 °C Umluft vorheizen.

Für den Teig die Milch in einen Topf geben, mit dem Zucker verrühren und handwarm erwärmen. Nun die Hefe hineinkrümeln und verrühren. Diese Mischung vom Herd nehmen und 15 Minuten gehen lassen, bis die Hefe deutlich schäumt.

Die Vanilleschote mit einem Messer längs aufschlitzen, das Mark herausschaben und mit dem Mehl in eine Rührschüssel geben.

Ist die Hefe aktiv und schäumt, Hefemilch, Salz und Ei zum Mehl geben und (am besten mit einer Küchenmaschine mit Knethaken) ca. 10 Minuten kneten.

Für die Füllung Zucker und Zimt in einer Schüssel vermischen. Die Butter in einem Topf zerlassen und beiseitestellen.

Nach dem Kneten den Teig in der Schüssel mit einem feuchten Tuch bedecken und im vorgeheizten Backofen ca. 30 Minuten gehen lassen, bis sich das Volumen fast verdoppelt hat.

Dann den Teig mit der Hand noch einmal kräftig durchkneten und weitere 15 Minuten im Backofen zugedeckt gehen lassen.

Den Teig aus dem Ofen nehmen, auf eine bemehlte Arbeitsfläche geben und mit dem Nudelholz rechteckig ca. 1 cm dick ausrollen. Die Teigplatte mit der zerlassenen Butter bestreichen und gleichmäßig mit dem Zimtzucker bestreuen. Von der langen Seite her eng aufrollen.

Von der Teigrolle nun 10 gleichmäßige, trapezförmige Stücke abschneiden. Die längste Seite sollte ca. 6 cm lang sein. Die Teigstücke jeweils von oben mit einem Holzlöffelstiel genau längs der Mitte stark eindrücken.

Ein Blech mit Butter einfetten und die schmetterlingsähnlichen Stücke darauflegen und an einem warmen Ort zudeckt 15 Minuten gehen lassen.

Den Backofen auf 180 °C Ober-/Unterhitze vorheizen.

Wenn der Ofen so weit ist, die Franzbrötchen darin 15 Minuten backen.

Kotelett wie aus der Schlachterbörse mit blonden Zwiebeln

„Gerade oder ungerade?“, lautete die ungewöhnliche Frage früh morgens um 5:00 Uhr in der Schlachterbörse. Meinen Freunden und mir saßen nach unserem ausgedehnten Kneipenbummel zwei mit blutverschmierten Kitteln bekleidete Schlachter gegenüber und warteten auf ihr nächtliches Essen. „Gerade“, antwortete der Gefragte.

Daraufhin griff der erste der beiden in seine Brusttasche des Kittels, brachte eine Rolle Hundertmarkscheine zum Vorschein und kontrollierte die letzte Zahl der Seriennummer. „Stimmt“, war die Antwort und 100 Mark wechselten den Besitzer. Kurze Zeit später wurden die Koteletts serviert und es wurde weiter wortlos gegessen.

ZUTATEN:

- 2 Gemüsezwiebeln
- 4 Schweinekoteletts mit zwei Rippen
- Salz
- Pfeffer
- Mehl zum Bestäuben
- Pflanzenöl zum Anbraten
- 100 g Butter
- 1 TL Majoran

4 Portionen | 30 Minuten | 40 Minuten

ZUBEREITUNG:

Die Zwiebeln schälen, halbieren und in Streifen schneiden.

Die Koteletts von beiden Seiten pfeffern und salzen. In Mehl wenden und etwas abstäuben.

In einer Pfanne Öl erhitzen und die Koteletts darin goldbraun braten. Dabei möglichst nur einmal wenden. Mit der Butter bestreichen und im Backofen bei 90 °C Umluft für 30 Minuten weiter garen.

In der noch heißen Pfanne die Zwiebeln anbraten und mit einem kleinen Schluck Wasser die Röststoffe vom Anbraten des Koteletts lösen. Mit Salz, Pfeffer und Majoran würzen und gar schmoren.

Tipp (und bitte nicht weitersagen):

Ein kleiner Spritzer Maggi-Würze an dieser Stelle schmeckt hervorragend. Ehrlich!

Die fertigen Koteletts mit den Zwiebeln servieren. Als Beilage Bratkartoffeln.

Hamburger National mit Schweinebauch

Zweifellos einer der leckersten Eintöpfe unserer Region und ein Prüfungsessen der Zwischenprüfung für Köche in der Berufsschule Angerstraße Nr. 4. Geprüft wurde neben dem eigentlichen Essen die Hygiene, der zeitliche Ablauf und natürlich auch die Schnitttechnik. Jedes unregelmäßige Stück, welches die Prüfer nicht sehen sollten, wurde schnell gegessen. Bei der Steckrübe fiel es im Gegensatz zu den Kartoffeln deutlich leichter. So etwas habe ich später nie wieder gemacht – jedoch als späterer Prüfer schmunzelnd wahrgenommen.

4 Portionen 45 Minuten 2 Stunden

ZUTATEN:

- Salz
- 1 Lorbeerblatt
- 2 Gewürznelken
- 1 TL Pfefferkörner
- 1 TL Kümmel
- 1 TL Pimentkörner
- 1 kg Schweinebauch
- 400 g Kartoffeln
- 1 Steckrübe
- 1 Bund Petersilie
- Pfeffer

ZUBEREITUNG:

2 l Wasser in einem großen Topf leicht salzen und zum Kochen bringen. Die Gewürze in ein Tee-Ei füllen und mit dem Schweinebauch in das Wasser geben und ca. 1 ½ Stunden kochen lassen.

Die Kartoffeln und die Steckrübe schälen, waschen und in gleichmäßige Stücke schneiden. Die Petersilie waschen, trocken schütteln und fein hacken.

Der Schweinebauch ist gar, wenn sich die Knochen leicht aus dem Fleisch lösen lassen. Nun das Fleisch aus der Brühe heben, Knochen und evtl. die Schwarte entfernen. Fleisch etwas abkühlen lassen und dann in mundgerechte Stücke schneiden.

Die Steckrüben- und Kartoffelstücke in den Topf mit dem Kochwasser geben und in etwa 20 Minuten gar kochen lassen.

Das Fleisch wieder in den Eintopf geben und das Tee-Ei entfernen. Eintopf mit Salz und Pfeffer abschmecken, mit Petersilie bestreuen und heiß servieren.

Die Küste

Wenn ich von der Küste spreche, meine ich eigentlich immer die Nordseeküste, wobei es zur Ostsee von Hamburg aus tatsächlich ähnlich weit ist.

Obwohl die Ostsee auch richtig ungemütlich werden kann, empfinde ich die Nordsee mit ihren Wellen und dem Wind als rauer, wilder und ursprünglicher. Durch meine Seefahrt habe ich allerdings den Respekt vor dem „Blanken Hans“, so werden hier der Sturm und die tobende See an unseren Küsten genannt, am eigenen Leib gelernt.

Zahlreiche Schiffwracks vor und in der Elbe sind eine deutliche Warnung vor diesen Naturgewalten.

Das schroffe Helgoland mit seinen Taschenkrebsen und eigenen Hummern zieht mich genauso an wie die friesischen Inseln mit den großartigen Stränden, Dünen und Wiesen voller Schafe.

Immer wieder schön ist auch St. Peter-Ording mit seinen Pfahlbauten direkt auf dem Strand. Büsumer Krabben auf Brot mit einem Spiegelei sind hier meine Leibspeise.

Neben dem Fisch- und Krabbenfang an der Küste spielt nun auch die Sylter Auster eine größere Rolle. Direkt vor dem nördlichsten Ort Deutschlands, List, wird diese Auster im Wattenmeer gezüchtet und schmeckt hervorragend.

Aus dem ehemaligen „Konsumfisch“ Hering ist nun eine teure Delikatesse geworden. Ein guter Matjes zählt hier im Juni zu den beliebtesten Köstlichkeiten.

Dass ein Kabeljau durch das Schwimmen durch den Skagerrak zum Dorsch wird, gehört zu meinen liebsten Anekdoten.

Matjes aus dem Fass

Während meiner Lehre im schon beschriebenen Restaurant „Peter Lembke“ wurde in regelmäßigen Abständen ein hölzernes Fass voll mit frischem Matjes geliefert. Es waren wohl hunderte, welche aus dem Fass genommen, gesäubert, entgrätet und in einem milden Fond nach Hausrezept eingelegt werden mussten. Diese Aufgabe fiel natürlich uns als Auszubildende zu und meist aus Motivationsgründen kurz vor der Freistunde. Der Geruch an den Händen war grausam und als Mittel dagegen erwies sich nur das Abreiben der gewaschenen Hände mit Kaffeesatz als einigermaßen wirkungsvoll. Trotzdem hatte ich immer das Gefühl, dass viele Menschen meinen Wagon der U-Bahn schnell verließen. Sorry.

ZUTATEN:

2–3 Matjesfilets

ZUBEREITUNG:

Matjesfilets aus dem Öl immer abtropfen lassen und so vom Öl befreien.

Sollten die Matjesfilets etwas zu salzig sein, kann man sie 1–2 Stunden kühl gestellt wässern und dann wieder abtrocknen.

1 Portion

15-30 Minuten

1-2 Stunden

Matjes nach Art der Hausfrauen

Die wohl meistbestellte Zubereitung zur Matjes-Saison.

ZUTATEN:

- 2 Gemüsezwiebeln
- Salz
- 2 säuerliche Äpfel
- 250 ml Sahne
- Pfeffer
- 1 Zitrone
- 2–3 Matjesfilets pro Person

4 Portionen **20 Minuten**

ZUBEREITUNG:

Die Zwiebeln schälen, halbieren und in feine Streifen schneiden. Diese leicht salzen und beiseitestellen.

Die Äpfel schälen, vierteln, entkernen, dann achteln und in feine Scheiben schneiden.

Die Sahne so weit anschlagen, dass sie beginnt, etwas dickflüssig zu werden. Mit Salz, Pfeffer und etwas Zitronensaft abschmecken.

Die gesalzenen Zwiebelstreifen ausdrücken und mit den Apfelstücken zur Sahne geben. Alles verrühren und sofort mit den Matjesfilets servieren.

Als Beilage knusprige Bratkartoffeln oder Vollkornbrot.

Matjes mit Speckbohnen

Auch dieses Gericht zur Matjeszeit erfreut sich größter Beliebtheit.

ZUTATEN:

- 800 g frische Bohnen
- Salz
- 1 Zwiebel
- 100 g durchwachsener Speck
- Pfeffer
- 2–3 Matjesfilets pro Person

4 Portionen **30 Minuten** **30 Minuten**

ZUBEREITUNG:

Die Bohnen waschen und vom Strunk befreien. In kochendem Salzwasser so lange vorkochen, bis die gewünschte Konsistenz erreicht ist. Dann sofort aus dem Kochwasser nehmen, abschrecken und trocken stellen.

Die Zwiebel schälen, halbieren und in feine Würfel schneiden.

Den Speck von der Schwarte befreien, fein würfeln und in einem passenden Topf etwas schmelzen lassen.

Tipp: Das geht am besten, wenn etwas Wasser hinzugegeben wird, welches beim Auslassen des Specks wieder verdampft.

Nun die Zwiebeln zu den Speckwürfeln geben und glasig anschwitzen. Darauf kommen nun nur noch kurz die Bohnen zum Wiedererhitzen. Mit etwas Salz und Pfeffer würzen. Aber Vorsicht, der Speck ist schon salzig!

In einer Schale mit den Matjesfilets anrichten.

Als Beilage knusprige Bratkartoffeln.

Matjes auf Brot mit Tomaten und Zwiebeln

Für mich die leckerste Art, einen Matjes zu genießen. Dazu ein frisches Bier. Herrlich…

ZUTATEN:

- 1 Römersalat
- 1 Gemüsezwiebel
- 4 Scheiben saftiges Vollkornbrot
- 100 g Butter
- 4 Tomaten
- Salz
- Pfeffer
- 2–3 Matjesfilets pro Person
- 1 Schale Kresse

4 Portionen **15 Minuten**

ZUBEREITUNG:

Den Salat waschen und abtropfen lassen. Wenn vorhanden, dann mit einer Salatschleuder trocken schleudern.

Die Zwiebel in feine Ringe und die Tomaten in dünne Scheiben schneiden.

Das Brot mit der Butter bestreichen und üppig mit dem gewaschenen Salat belegen. Darauf je eine Tomate in Scheiben geschnitten legen. Mit Salz und frisch gemahlenem Pfeffer würzen. Darauf je zwei Matjesfilets und einen Teil der Zwiebelringe. Diese sollten locker und auseinander gefächert auf dem Fisch angerichtet werden.

Mit frisch geschnittener Kresse dekorieren und sofort servieren.

Dazu passt am besten ein frisches Bier. Gern auch alkoholfrei.

Miesmuscheln Amrumer Art

Die nordfriesische Insel Amrum mit dem breitesten Sandstrand Europas war viele Jahre lang das liebste Urlaubsziel meiner Familie. In einem kleinen, reetgedeckten Restaurant mit dem wundervollen Namen „Ekke Nekkepenn“ (der Meermann – eine norddeutsche Sagengestalt) gab es dann oft diese Miesmuscheln mit Weißbrot als Beilage. Sie werden in großen Suppenterrinen heiß serviert und es gibt immer eine weitere Terrine zum Ablegen der vielen Muschelschalen dazu. Der leckere Muschelsud wird extra in kleinen Tassen zum Trinken dazu gereicht – einfach wunderbar.

ZUTATEN:

- 1 Bund Petersilie
- 2 Zwiebeln
- 125 g Butter
- frisch gemahlener Pfeffer
- 2 kg Miesmuscheln
- 400 ml trockener Weißwein
- frisches Weißbrot

4 Portionen | 30 Minuten | 15 Minuten

Tipp: Die Miesmuscheln sollten vor dem Kochen geschlossen sein. Das ist ein Zeichen von Frische. Offene Muscheln entsorgen. Nach dem Kochen hingegen nur die Muscheln verzehren, die sich geöffnet haben.

ZUBEREITUNG:

Die Petersilie waschen, trocken schütteln und fein hacken. Die Zwiebeln schälen und fein würfeln.

Die Butter in einem großen Topf schmelzen und die Zwiebeln darin glasig dünsten. Dann kräftig pfeffern.

Die Muscheln säubern, in den Topf geben und mit dem Weißwein übergießen. Den Topf mit einem Deckel schließen und die Muscheln aufkochen lassen. Nach 4 Minuten kräftig umrühren und prüfen, ob sich alle Muscheln geöffnet haben. Die gehackte Petersilie darüberstreuen und nochmals durchrühren.

Die Muscheln in eine vorgewärmte Terrine füllen, die Kochflüssigkeit extra in Tassen dazu servieren und frisches Weißbrot dazu reichen.

Büsumer Krabbenbrot mit Spiegelei

Manchmal ist es nicht das eigentliche Essen, sondern auch der Ort, das Wetter, das Licht und die Situation, die ein Gericht unsterblich werden lassen. So ein Ort ist eine der Pfahlbauten auf dem Strand von St. Peter-Ording. Dieser Strandabschnitt darf in Teilen befahren werden und hunderte von großen und kleinen Drachen stehen im Wind. Auch Strandsegler und Kite-Surfer toben sich hier aus.

Oben auf der Terrasse – mit Blick auf die langsam untergehende Sonne über der Nordsee, dem Geschrei der großen Seemöwen und der beruhigenden Melodie der sanften Brandung – so ein einfaches Gericht zu genießen, macht das Ganze wirklich unvergesslich.

ZUTATEN:

- 2 Scheiben saftiges Schwarzbrot
- Butter zum Beschmieren
- 100 g Nordseekrabbenfleisch
- 2 Eier
- frisch gemahlener Pfeffer

1 Portion | 15 Minuten | 5 Minuten

ZUBEREITUNG:

Das leckerste Schwarzbrot, das du finden kannst, mit ordentlich Butter bestreichen und die Krabben so darauf verteilen, dass man nicht mehr viel vom Brot sieht.

Die Spiegeleier so braten, dass das Eigelb noch cremig bleibt.

Auf jedes Krabbenbrot nun je ein Spiegelei geben und mit frisch gemahlenem Pfeffer würzen. Sofort servieren.

Dazu passt am besten ein frisch gezapftes Bier, gern auch alkoholfrei.

Sylter-Royal-Austern

Ganz oben auf Deutschlands Landkarte befindet sich als nördlichster Punkt List auf Sylt. Es ist nicht so versnobt wie andere Teile der Insel und geprägt durch den Fährhafen nach Dänemark. Dort dominiert auch ein weitbekanntes Fischrestaurant, welches hier seine Gründung erfuhr. Ganz in der Nähe passiert Außergewöhnliches: In Deutschlands einziger Austernfarm werden im Wattenmeer die Sylter Royal gezüchtet und in List verkauft.

War früher die Hauptsaison Weihnachten und Silvester, so werden heute fast das ganze Jahr Austern geschlürft. Geschlürft? „Oh bitte nicht", sagt der Chef Christopher energisch. „Eine Auster sollte wenigstens 5-mal gekaut werden. Denn nur so schmeckt man dieses unglaubliche Aroma von milder Gurke. Sonst könnten wir das Meerwasser ja auch schluckweise verkaufen!"

Recht hat er. Und nie habe ich jemanden gesehen, der Austern schneller öffnen kann als der „Herr der Austern". Dabei sticht er mit einem spitzen Messer durch das Gelenk, dreht einmal das Messer und erklärt mit einem Blitzen in den Augen: „Der Muskel ist immer hinten rechts."

ZUTATEN:

Austern:

- 6 Austern
- Crushed Ice
- evtl. 1 Zitrone
- evtl. frisch gemahlener Pfeffer

Dressing:

- 1 Schalotte
- 50 ml weißer Balsamico
- 50 ml Apfelessig
- 1 EL neutrales Öl
- schwarzer Pfeffer

1 Portion **30 Minuten**

ZUBEREITUNG:

Austern:

Die Austern von der Seite her mit einem Austernmesser öffnen und den mittleren Muskel durchschneiden. Nun kann die Auster ganz geöffnet werden. Nach dem Öffnen können kleinere Reste Perlmutt mit einem kleinen Pinsel leicht entfernt werden.

Tipp: Achtung! Das enthaltene Meerwasser nicht versehentlich abgießen, denn das sollte unbedingt in der Auster bleiben.

Nun auch die untere Seite des Muskels durchtrennen und dabei das Austernfleisch einmal in der tieferen Muschelschale wenden, sodass die etwas schönere Seite oben liegt.

Auf Crushed Ice so anrichten, dass die Muschel schön gerade liegt.

Wer mag, gibt vor dem Schlürfen einige Spritzer Zitrone und etwas frisch gemahlenen schwarzen Pfeffer obendrauf. Zweifellos essen und genießen wahre Liebhaber ihre Sylter Royal immer Natur.

Wer doch ein kleines Dressing dazu haben möchte, findet es hier:

Dressing:

Die Schalotte schälen, sehr fein würfeln und mit den anderen Zutaten vermengen. Abschmecken nur mit Pfeffer, denn das Salz kommt aus dem Meer.

Lammfilet vom friesischen Diekpedder

Endlose Wiesen, mächtige Deiche und viel Wind prägen das Land, in dem sich die wetterfesten Schafe fast frei bewegen können. Mit jedem Grashalm nehmen die Tiere beim Fressen auch etwas von dem Meersalz mit auf, welches aus der Brandung mit dem Wind auf die Wiesen getragen wird. Durch den großen Auslauf und die natürliche Ernährung entsteht so ein unglaublich gutes Fleisch.

Dass die Tiere durch das Laufen auf den Deichen und dem damit verbundenen Verdichten des Grases auch noch das Land schützen, ist ein wertvoller Nebeneffekt.

ZUTATEN:

4 Portionen | 45 Minuten | 30 Minuten

Tomaten-Kräuterbutter:

- je ein Zweig Rosmarin, Basilikum, Oregano und Thymian
- 3–4 Knoblauchzehen
- 1 TL Senf
- 2 EL Tomatenmark
- Salz
- Pfeffer
- etwas Olivenöl
- 250 g Butter

Lammfilet:

- 800 g Lammrücken
- je ein Zweig Rosmarin, Basilikum, Oregano und Thymian
- 1 Zwiebel
- 400 g Kirschtomaten

ZUBEREITUNG:

Tomaten-Kräuterbutter:

Kräuter klein hacken und in den Mixer geben. Dazu auch Knoblauch, Senf, Tomatenmark, Salz, Pfeffer sowie etwas Olivenöl geben und noch einmal mixen.

Anschließend die Butter dazugeben und erneut mixen. Fertig ist die Tomaten-Kräuterbutter.

Lammfilet:

Die Silberhaut vom Lammrücken entfernen und in einer heißen Pfanne anbraten. Je nach Pfanne und Beschichtung entweder mit oder ohne Öl anbraten. Wenn sich an der Seite des Fleisches Farbe bildet, dann den Rücken einmal umdrehen und von der anderen Seite kurz anbraten und anschließend herausnehmen. Die frischen Kräuter über das Fleisch legen und bei 90 °C im Ofen warm halten.

Zwiebel schälen und schneiden.

In der noch heißen Pfanne die Zwiebeln anschwitzen und danach auch die Kirschtomaten mit dazugeben. Wenn Zwiebeln und Tomaten Farbe entwickelt haben, dann die Tomaten-Kräuterbutter hinzufügen und fertig ist die Soße.

Sobald Fleischsaft am Lammrücken austritt, das Fleisch aus dem Ofen nehmen und etwas ruhen lassen.

Das Lamm zusammen mit der Soße anrichten.

Friesische Muschelsuppe

Einer der besten Fonds in der Küche ist für mich der Muschelfond. Wie im eigentlichen Muschelrezept schon geschrieben, wird er sogar genüsslich getrunken. Warum also nicht daraus eine feine Suppe kochen? Das Zusammenspiel von Muschelfond, Anis und einer Prise Safran ergibt eine wundervolle und schmeichelnde Suppe.

ZUTATEN:

- alles, was für die **Miesmuscheln Amrumer Art** benötigt wird (siehe **Seite 134**)
- 50 g Butter
- 50 g Mehl
- 500 ml Sahne
- Salz
- Pfeffer
- 1 Messerspitze Safran
- etwas Anisschnaps

4 Portionen **30 Minuten** **30 Minuten**

ZUBEREITUNG:

Die Muscheln wie im Rezept auf Seite 134 beschrieben zubereiten.

Die gekochten Muscheln nun aus den Schalen sammeln und kalt stellen.

In einem Topf die Butter bei mittlerer Hitze schmelzen, mit dem Mehl abstäuben und anschwitzen. Nun nach und nach den selbstgekochten Muschelfond angießen. Dabei immer weiter rühren.

Tipp: Der Muschelfond sollte nie komplett verarbeitet werden, da sich beim Kochen am Topfboden immer Schalenreste und evtl. etwas Sand absetzen.

Nun die Sahne einrühren. Mit Salz, Pfeffer und Safran würzen. Einen kleinen Spritzer Anisschnaps dazu, um das Aroma etwas zu unterstreichen.

Dazu passen am besten knusprige Brot-Croûtons.

Helgoländer Knieper (Taschenkrebsscheren) mit Aioli

Helgoland hat als einziger Ort Deutschlands eigene Hummer, welche im felsigen Untergrund der Insel ihren Lebensraum haben. Leider gehen die natürlichen Bestände zurück und es wird mit viel Aufwand und Geld versucht, die Hummerbestände wieder zu vergrößern. Der Taschenkrebs ist da viel robuster und auch ein Mitbewerber um die wenigen Plätze zwischen den Felsen unter Wasser.

Nur wenige der Helgoländer Fischer dürfen Hummer fangen, aber alle diese Taschenkrebse. Und die werden gern gegessen. Neben Messer und Gabel wird allerdings auch ein weiteres Werkzeug gebraucht, um an das begehrte und schmackhafte Fleisch der Scheren heranzukommen: ein Hammer aus dem Baumarkt.

4 Portionen **45 Minuten** **45 Minuten**

ZUTATEN:

Knieper:

- 4 kg Taschenkrebsscheren
- 1 Bund Suppengemüse
- 2 EL Kümmel
- Salz
- Zucker

Aioli:

- 3–4 Knoblauchzehen
- 1 EL Senf
- Prise Salz
- 300 ml Öl
- 150 ml Milch (Raumtemperatur)

ZUBEREITUNG:

Knieper:

Die Taschenkrebsscheren in reichlich Wasser mit einer kräftigen Bürste säubern.

Tipp: Stabile Arbeitshandschuhe schützen vor Kratzern.

Das Suppengemüse putzen und in grobe Stücke schneiden.

Einen möglichst großen Topf mit reichlich Wasser, dem Gemüse und dem Kümmel zum Kochen bringen. Das Wasser so mit Salz und Zucker abschmecken, dass es nach beidem leicht schmeckt.

Nachdem das Gemüse 10 Minuten gekocht und seinen Geschmack abgeben hat, können nun die Scheren hinzugegeben werden.

Weitere 15 Minuten leicht kochen lassen und dann den Herd ausschalten. 3 Minuten ziehen lassen und dann, wie ein gekochtes Ei, die Scheren aus dem Sud nehmen und einmal kurz abschrecken.

Nun mit einem Hammer auf einem stabilen Brett alle Scheren und Arme von oben her anbrechen.

Tipp: Bitte nicht beim Essen am Tisch versuchen.

Warm servieren und genießen wie einen Hummer.

Als Beilage Weißbrot oder Toast und als Soße die nachfolgende Aioli oder eine Cocktailsoße.

Aioli:

Knoblauch, Senf, Salz und Öl in einen Messbecher geben und mit einem Mixstab verrühren. Anschließend die Milch dazugeben und so lange mixen, bis sich eine homogene Masse bildet.

„ohne Lätzchen keine chance."

Backfisch mit selbst gemachten Pommes

Was den Engländern Fish 'n' Chips ist, ist uns Norddeutschen der Backfisch: bester Fisch in einem Bierteig goldgelb ausgebacken. Dazu eine gute Remoulade oder Knoblauchsoße und Pommes frites. Auf den großen Volksfesten steht auch immer die „Backfischrutsche“, eine mehrstöckige Bude in Form eines Leuchtturms. Oben wird der Fisch gebacken und rutscht dann auf einer Edelstahlrutsche zur Verkaufsebene. Immer begleitet vom lauten Ruf „Baaaaaaackfiiiiiiiiiiisch“ und dem Läuten der Schiffsglocke. Norddeutsch by nature.

ZUBEREITUNG:

Kartoffeln schälen, waschen und in Spalten schneiden (wenigstens achteln). Wasser in einen Topf geben und zum Kochen bringen. Kartoffeln im Wasser vorkochen, sodass sie gar sind, aber nicht zerfallen. Mit kaltem Wasser abschrecken und auf einem Tuch trocken legen.

3 EL Mehl in eine Schüssel geben, Salz und Pfeffer dazu. Eier trennen und die Eigelbe direkt auf das Mehl geben. Bier dazugeben und alles mit dem Mixer zu einem glatten Teig verrühren.

Eiweiß steif schlagen, dann den glatt gerührten Teig auf den Eischnee geben und vorsichtig unterheben.

Kabeljau in Portionsstücke schneiden, mit Zitrone beträufeln, salzen und gut marinieren. Den Fisch in Mehl wenden und durch den Teig ziehen, sodass der Fisch schön bedeckt ist. Dann ab in die Fritteuse und schön goldgelb backen. Dann im Backofen bei 60 °C warm halten.

ZUTATEN:

- 6 mehligkochende, große Kartoffeln
- 3 EL Mehl
- Salz
- Pfeffer
- 3 Eier
- 3 EL Bier
- 500 g Kabeljaufilets
- etwas Zitrone
- Essig (optional)

4 Portionen **1 Stunde** **45 Minuten**

Die blanchierten Kartoffeln in die Fritteuse und auch goldgelb backen. Wenn die Pommes aus der Fritteuse kommen, in eine Schüssel geben und mit Salz würzen. Wer mag, kann auch gerne einen Schuss Essig dazugeben.

Den Backfisch aus dem Ofen holen und mit den Pommes servieren.

VARIATION:

Fisch waschen und trocken tupfen. Auf einen Teller Mehl geben. In einer Pfanne 1 EL Öl und Butter auf hoher Stufe erhitzen. Fisch im Mehl wenden, salzen und von beiden Seiten ca. 2 Minuten anbraten. Mit Pfeffer würzen und mit Zitronenabrieb verfeinern.

Pochierte Eier Benedict

Dass es dieses Rezept in meinem Heimat-Kochbuch ins Kapitel *Die Küste* geschafft hat, liegt einzig daran, dass ein guter Freund von mir während unserer gemeinsamen Seefahrt dieses Rezept so gern zum Mittelwächter (Wechsel der Wache um Mitternacht während der Seefahrt) mochte. Also, lieber Chris, danke für die gemeinsame Zeit an Bord und die vielen gelachten Tränen.

ZUTATEN:

- 4 EL Essig
- 2 Eier
- 4 Scheiben Speck
- 2 Scheiben Toast
- 1 Avocado
- Salz
- Pfeffer
- 200 ml Sauce Hollandaise
- Schnittlauch *oder* Petersilie

2 Portionen 20 Minuten 15 Minuten

ZUBEREITUNG:

Los geht's mit den Eiern:

In einem Topf Wasser zum Sieden bringen. Es darf also nicht richtig kochen, sondern es soll nur ein wenig Bewegung im Wasser sein. In den Topf auch den Essig dazugeben. Hier bitte kein Salz hinzufügen, da sonst das Eiweiß verfranzt.

Jedes Ei in eine kleine Tasse oder Schüssel geben. Jetzt mit einem Löffel einen kleinen Strudel im Wasser erzeugen und das Ei vorsichtig aus der Tasse in die Mitte des Strudels gleiten lassen und 4 Minuten pochieren lassen.

Währenddessen in einer Pfanne den Speck knusprig braten und den Toast in einem Toaster ebenfalls knusprig werden lassen.

Die Avocado halbieren, mit einem Löffel aus der Schale nehmen und in feine Streifen schneiden.

Jetzt geht's ans Anrichten:

Auf den Toast kommt direkt die Avocado mit ein wenig Salz und Pfeffer. Jetzt den knusprigen Speck auf die Avocado und danach das Ei obendrauf geben. Ganz zum Schluss noch die Sauce Hollandaise darüber gießen und mit frischem Schnittlauch oder frischer Petersilie garnieren.

Kabeljau in körniger Senfsoße

Kochfisch scheint aus der Mode zu kommen, ist nicht mehr zeitgemäß, alte Küche. Aber warum bloß? Ich denke, dass ein auf den Punkt gekochter frischer Fisch etwas Wunderbares ist. Schneeweißes Fleisch mit einem intensiven Eigengeschmack und nicht zugedeckt von der feinen Säure unglaublich teurer Weißweine oder seltener Gewürze. Wer auf hoher See seinen eigenen Kabeljau oder Dorsch fangen durfte, wird mir sicher recht geben.

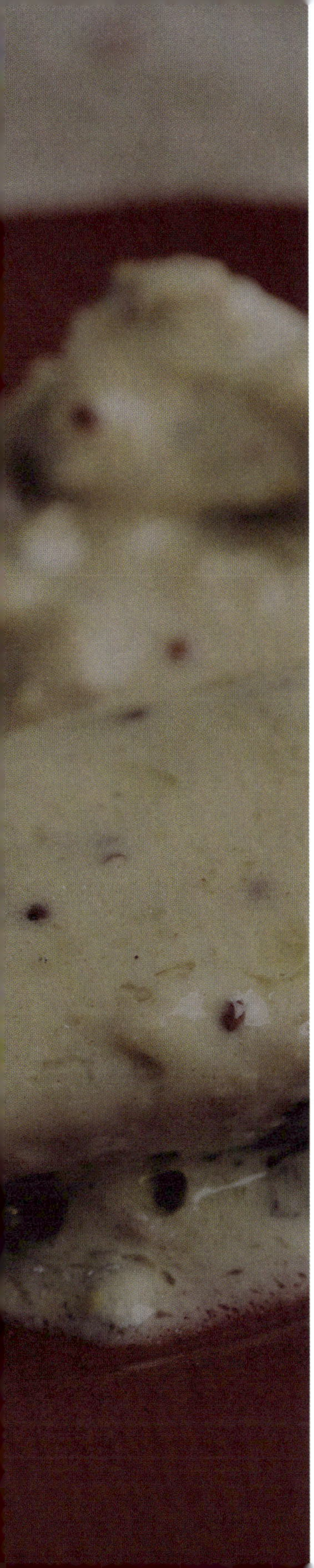

4 Portionen 45 Minuten 30 Minuten

ZUTATEN:

- 2 Zwiebeln
- 1 Lorbeerblatt
- 2 Gewürznelken
- Salz
- 800 g Kabeljaufilet
- 25 g Butter
- 30 g Mehl
- 2 EL körniger Senf
- 200 ml Sahne
- Pfeffer
- 1 Prise Zucker

ZUBEREITUNG:

Die Zwiebeln schälen. Das Lorbeerblatt mithilfe der Gewürznelken auf einer der beiden Zwiebeln befestigen.

Ausreichend Wasser in einem Topf zum Kochen bringen und leicht salzen. Die gespickte Zwiebel hineingeben.

Den Fisch säubern, in breite Stücke schneiden und ins köchelnde Salzwasser legen. Etwa 2 Minuten köcheln lassen, dann den Topf vom Herd nehmen und den Fisch im Wasser in 5 Minuten gar ziehen lassen.

In der Zwischenzeit die Soße herstellen. Dazu die zweite Zwiebel fein würfeln. Butter bei mittlerer Hitze in einem Topf schmelzen und die Zwiebel darin dünsten. Mit dem Mehl abstäuben.

Den Senf einrühren und mit ca. 400 ml des Fischkochwassers angießen und die Sahne einrühren. Mit Salz, Pfeffer und Zucker würzen.

Den Fisch aus dem Wasser heben, trocken anrichten und mit der Senfsoße servieren.

Fliederbeersuppe mit Grießklößchen

Holunderbüsche auf den „Knicks“ – so nennt man die Wallhecken der friesischen Felder – sind großartig. Wenn die Büsche blühen, sammelt man die Blüten und gewinnt daraus einen unglaublichen Sirup. Sind die Beeren reif, kocht man daraus einen tiefroten und vitaminreichen Fliederbeersaft. Zur Stärkung des Immunsystems eignet sich die Fliederbeere auch bestens. Also ein kostenloser und gesunder Schatz am Wegesrand. Man muss ihn nur sammeln.

4 Portionen 45 Minuten 30 Minuten

ZUTATEN:

Suppe:

- 800 ml Fliederbeersaft (Holundersaft)
- 200 g Zucker
- Saft einer Zitrone
- 1 Apfel
- 100 g Perlsago

Grießklößchen:

- 500 ml Milch
- 1 Prise Salz
- 80 g Zucker
- 110 g Weichweizengrieß
- 1 Ei

ZUBEREITUNG:

Suppe:

Den Fliederbeersaft mit dem Zucker und dem Saft der Zitrone zum Köcheln bringen.

Den Apfel schälen, vierteln und entkernen. In gleichmäßig kleine Stücke schneiden und zusammen mit dem Sago in die heiße Fruchtsuppe geben. 10 Minuten bei niedriger Temperatur köcheln lassen und dabei immer wieder umrühren.

Wenn in den kleinen Perlen des Sagos noch ein kleiner trüber Kern zu sehen ist, die Suppe vom Herd nehmen und noch 20 Minuten ziehen lassen. Sie kann kalt oder warm gegessen werden.

Grießklößchen:

In die heiße Milch die Prise Salz, den Zucker sowie den gesamten Grieß geben und unter ständigem Rühren auf mittlerer Hitze einen Brandteig herstellen. Das heißt: Der Grieß soll mit der Milch einen festen Teig ergeben, welcher sich leicht vom heißen Topfboden löst.

Den Topf nun vom Herd nehmen, mit einem Holzlöffel das Ei in die noch heiße Masse einarbeiten und das Ganze nun abgedeckt 30 Minuten auskühlen und quellen lassen.

Einen Topf mit leicht gezuckertem Wasser zum Sieden bringen.

Den ausgekühlten Grießteig in eine Hand nehmen und mit einem Suppenlöffel nun eiförmige Klöße abstechen und direkt in das heiße Wasser gleiten lassen. Dabei den Löffel immer wieder anfeuchten.

Kommen alle Klöße nach oben, können sie mit einer Schaumkelle herausgenommen und warm in der Suppe serviert werden.

„Ach Oma, ich vermisse Dich.“

Schnitzel „Holstein“ mit Canapés

Natürlich sind die Österreicher zu Recht stolz auf ihr hauchzartes Wiener Schnitzel vom Kalb mit der soufflierten Panade. Wer aber an der Küste ein Schnitzel bestellt, der will mehr. Saftig und dick darf es sein und die Panade schön knusprig. So ist das hier und so isst man das hier. Ein Spiegelei obendrauf und als Beilage zwei kleine getoastete Weißbrotscheiben mit Räucherlachs und Ölsardinen sowie knusprige Bratkartoffeln gehören dazu.

ZUTATEN:

- 4 Schnitzel aus der Kalbskeule à 200 g
- Salz
- Pfeffer
- etwas Mehl
- 2 Eier
- etwas Paniermehl
- 60 g Butterschmalz

4 Portionen **45 Minuten** **20 Minuten**

ZUBEREITUNG:

Die Schnitzel auf einen Gefrierbeutel legen und mit einem zweiten bedecken. Dann das Fleisch mit der flachen Seite des Fleischklopfers mit vielen kleinen Schlägen breit klopfen.

Tipp: Die Schnitzel lassen sich auch prima mit einer Pfanne oder einem Stieltopf breit klopfen.

Die Schnitzel von beiden Seiten leicht mit Salz und Pfeffer würzen.

Mehl auf einen Teller geben, die Eier in einem tiefen Teller verquirlen und das Paniermehl ebenfalls auf einen separaten Teller streuen.

Nun die Schnitzel zunächst in Mehl wenden, überschüssiges Mehl vorsichtig abschütteln. Fleisch dann erst im Ei und anschließend im Paniermehl wenden.

Das Butterschmalz in einer Pfanne erhitzen und die Schnitzel portionsweise darin bei mittlerer Hitze etwa 5 Minuten braten. Dabei die Pfanne in Bewegung halten, sodass immer wieder heißes Schmalz über die Schnitzel läuft. Sind sie goldgelb, wenden und von der anderen Seite noch einmal etwa 5 Minuten braten.

Die Schnitzel sind perfekt, wenn die Kruste goldgelb und knusprig ist.

Glossar

Begriff	Bedeutung
anschwitzen	bei schwacher Hitze angaren, ohne dass Farbe entsteht
(Speck) auslassen	bei niedriger Temperatur Fett auslaufen lassen, ohne dass der Speck Farbe bekommt
blanchieren	Gemüse vorgaren und mit kaltem Wasser abschrecken, um Farbe, Geschmack und Vitamine zu erhalten
confieren	in Fett garen
gar ziehen lassen	langsam kochen, dünsten oder braten, bis es gar ist
(Hefeteig) gehen lassen	Hefeteig abgedeckt ruhen lassen, damit er sich vergrößert
köcheln lassen	nicht wallend kochen, keine starke Blasenbildung
passieren	durch ein feines Sieb geben
pochieren	bei schwacher Hitze (nicht kochend) gar ziehen
(Gemüse) putzen	waschen/schälen und von schlechten Stellen befreien
scharf anbraten	bei großer Hitze kurz Farbe annehmen lassen
schmoren	Angebratenes mit Flüssigkeit bedeckt garen
tranchieren	Fleisch, Geflügel oder Wild am Tisch aufschneiden
unterheben	vorsichtig zwei Massen miteinander vermischen
(Butter) zerlassen	bei niedriger Temperatur schmelzen lassen, ohne dass die Butter dunkel wird
zum Sieden bringen	Wasser erhitzen, bis sich Bläschen bilden und sich das Wasser leicht bewegt, ohne dass es stark blubbernd kocht

BRAINBOOK

Impressum

BrainBook UG (haftungsbeschränkt)
Am Sportfeld 8
65399 Kiedrich

ISBN:
Gebundene Ausgabe: 978-3-96890-131-2
E-Book: 978-3-96890-132-9

Druck: P&B Lettland
Lektorat: Ann-Kristin Brümmer, Antonia Knop, Jennifer Kiewell
Fotos: Jan-Niklas Behlen
Weitere Bildlizenzen von Shutterstock.com

Die Zufriedenheit unserer Leserinnen und Leser hat für uns oberste Priorität.

Sollten Sie Fragen oder Anmerkungen haben, können Sie uns jederzeit unter kontakt@brainbook-verlag.de erreichen. Wir freuen uns auf Ihre Rückmeldung.

brainbook_verlag
www.brainbook-verlag.de
kontakt@brainbook-verlag.de

Norddeutsche Küchenklassiker

mit CALLEkocht